高雄民間信仰與
傳說故事論集

謝貴文 著

自序

　　這是個人第一本學術性的專書，也是對自己生活近四十年的城市——高雄的一點研究成果。

　　二○○六年六月取得博士學位之後，一直希望能擴大其他的研究領域。由於個人長期在高雄市政府的文化部門服務，常有機會接觸到古蹟、寺廟及地方的傳說、民間故事等，深感這方面研究的缺乏，加上認識不少在地的文史工作者，資料取得及諮詢上較為方便，於是便投入這個領域的研究。民間信仰與傳說故事都屬於「小傳統」，與自己過去研究士人思想的「大傳統」，是兩個相對的領域，也一直為個人所輕忽；但投入這個領域的研究後，才發現「小傳統」與「大傳統」並非截然二分，前者亦有豐富的文化意涵，而且最能反映常民的生活型態與思想情感，愈深入發掘，就愈見可貴的價值。個人「挖寶」似的投入研究，兩年多來竟也發表了十一篇論文，雖然仍有許多不成熟之處，但為記錄個人的學術歷程，因此將其集結出版，也希望能喚起更多人對高雄常民文化的興趣與關注。

　　本書分為兩個部分，其一為民間信仰，〈臺灣的神農大帝信仰——兼談後勁鳳屏宮〉在探討神農大帝的傳說形成與發展，及其在臺灣的信仰分佈、神明性格、造型及祭典等，最後討論高雄市

後勁地區因「反五輕」運動，而賦予鳳屏宮神農大帝的環保性格。〈當前臺灣保生大帝信仰的發展──以全國保生大帝廟宇聯誼會為中心的分析〉及〈高雄市的保生大帝信仰〉乃探討臺灣及高雄市保生大帝信仰的發展情形，透過這兩篇論文也開啟自己對此一主題的研究之路，進而以「臺灣保生大帝信仰之研究」獲國科會專題研究計畫的補助，希望能逐步建構本地保生大帝信仰的全貌。〈半屏山下的石公、石婆信仰〉是探討位在半屏山下、東南水泥廠區內的顯靈殿，奉祀主神石公、石婆的傳說，也藉以指出民間自然物信仰的特質。〈易牙祭與君臣宴〉是介紹位於高雄市前鎮區易牙廟的祭祀活動及其「君臣宴」儀式，也藉以指出行業神信仰的現代意義。〈從中元普度祭品看民間的飲食文化與養生觀念〉則是以高雄左楠地區的廟宇為調查對象，探討普度祭品用形狀、屬性、諧音類比人生理想的飲食文化，及追求和諧與均衡的養生觀念。

其二為傳說故事，也就是流傳在高雄地區的傳說與民間故事。〈臺灣民間故事「林半仙」初探〉及〈報恩、報仇與報應──臺灣民間故事「林半仙」再探〉是探討清代鳳山地區風水名師林半仙的故事及其所反映「報」的觀念，後篇也嘗試運用社會科學的理論來研究民間故事。〈梓官城隍卓肇昌的傳說探討〉則討論清代鳳山縣舉人卓肇昌幼年、赴試、去世的傳說，相傳他死後擔任梓官鄉的首任城隍爺，也反映出臺灣民間信仰的許多特色。〈曹謹傳說研究〉是探討清代鳳山知縣曹謹開鑿曹公圳的傳說，及其所反映的族群認同及風水禁忌等問題。〈半屏山的由來傳說初探〉則分析有關半屏

山由來的傳說，包括有教化型、地景型、兩岸型等十餘則傳說，也藉以指出山川名勝傳說的幾個特徵。

在這段研究的過程中，個人經歷了人生的重大轉折，結束十多年的公務生涯，轉往大學專任教職，也更堅定自己往學術之路邁進的方向。地方的「小傳統」大多缺乏文獻可考，必須透過田野調查來取得資料，所幸有許多熱心的地方人士引領，尤其是後勁文物館的林勝童館長更給予諸多協助，深表謝意。另外，妻貞慧全心照顧小女幸恩、小兒定軒，以及對我的支持與包容，讓我可以無後顧之憂地投入研究，也是本書能夠問世的重要原因。

謝貴文

序於高應大　2009.9.20

目次

臺灣的神農大帝信仰
——兼談後勁鳳屏宮

一、前言

　　臺灣富有多元而蓬勃的「民間信仰」，其乃一綜合陰陽宇宙、祖先崇拜、泛神、泛靈、符籙咒法而成的複合體，雜揉儒家、佛家、道家的部份思想教義，雖不能以官方的宗教分類範疇加以說明，卻為此地大多數居民的主要信仰。李亦園曾以漢民族來臺過程分析「民間信仰」的形成，包括渡海、開拓、定居與發展等四個階段：（一）渡海階段，因移民須以不成熟的航海技術面對「黑水溝」的凶險，故多供奉媽祖、玄天上帝等海神，以祈求平安渡臺。（二）開拓階段，因須面對臺地瘴癘瘟疫的威脅，故多奉祀「王爺」等瘟神，以安定恐懼心理。（三）定居階段，因須組成堅強的社群團體，以爭取土地、水利等資源，故多以同一地域所共同供奉的神祇作為團結整合之象徵，如漳州人拜「開漳聖王」、泉州同安人拜「保生大帝」、安溪人拜「清水祖師」、三邑人拜「廣澤尊王」、客家人拜「義民爺」、粵東人拜「三山國王」等。（四）發展階段，因人際關係網絡的建立，特別是商業性的交往，亟需一種講信用、重義氣之象徵作為行為的準則，而有「關公」信仰的產生[1]。李氏的分析頗

---

[1]　李亦園：〈臺灣民間宗教的現代趨勢〉，《田野圖像》（台北：立緒文化，1999

能說明早期農業社會時代臺灣居民宗教信仰的背景與特性，亦凸顯民間信仰之神祇屬性與信仰者之生活需求乃息息相關、密不可分。

在臺灣豐富而多元的「民間信仰」中，神農信仰由於未如媽祖、王爺、保生大帝、關公之普遍，故較為研究者所忽略。事實上，神農之起源甚早，可推溯至中國上古之神話傳說，其於演化的過程中逐漸具有農神、穀神、藥神等神性，而為臺灣民間普及的信仰之一。本文擬先從中國歷代古籍中，討論神農傳說的形成與發展，分析其神性的擴大過程。其次，探討神農大帝信仰在臺灣的分布與發展、神明性格、神明造型與祭典，掌握神農信仰在臺灣的特殊面貌。最後，以後勁鳳屏宮作為考察神農信仰的對象，探討其興建年代、類型、主要功能及獨特性。後勁地區為高雄最早開發的部落之一，早在明鄭時期即為重要的軍事屯墾聚落，至今則仍保有傳統農業社會的組織型態與民俗信仰，並以寺廟作為社群的中心，地方重要公事多由「廟產管理委員會」[2]所議決，而已有六十年歷史的「甘尾會」酬神活動則仍為地方每年的重要節慶。因此，後勁地區四大公廟之一的鳳屏宮，不僅為地方的信仰中心，亦為社群整合之重要基地，希望透過對該廟及當地「反五輕運動」的考察，指出民間信仰之神祇屬性常隨時代及信仰者之生活需求而有所調整與轉化。

年），頁 288-290。

[2]　後勁廟產管理委員會管轄其境內聖雲宮（保生大帝）、鳳屏宮（神農大帝）、福德祠（土地公）及萬應公與有應公合祀等四座廟宇，廟產屬祭祀公業，舉凡設籍後勁地區之居民，皆享有信徒之認可權利與義務。廟產管理委員會於 1964 年正式立案成立，由地方信徒以鄰為單位，票選信徒代表，再由信徒代表票選十五席管理委員、五席監察委員，各組幹部由委員互選產生，並延聘地方民意代表、里長、耆老為顧問，共同推展廟務，亦為地方公共事務之決策中心。（見鄭水萍：《後勁大代誌》，高雄市立中正文化中心管理處，2000 年，頁 73）

二、神農傳說之形成與發展

　　神農傳說之起源甚早，戰國時代即有記載其草創農業之功績，如《周易‧繫辭》記曰：「神農氏作，斲木為耜，揉木為耒，耒耨之利，以教天下。」《管子‧形勢解》曰：「神農教耕生穀，以致民利。」《管子‧輕重戊》又曰：「神農作樹五穀淇山之陽，九州之民，乃知穀食，而天下化之。」另在《周易‧繫辭》中亦有記載神農教民交易，開啟商業之功績，曰：「（神農氏）日中為市，致天下之民，聚天下之貨，交易而退，各得其所。」《呂氏春秋‧愛類》則記載神農夫婦教民紡織，開創紡織業之功績，曰：「神農之教曰：『士有當年而不耕者，則天下或受其饑矣；女有當年而不績者，則天下或受其寒矣。』故身親耕，妻親績，所以見致民利矣。」而神農之祭祀亦起源甚早，如《詩經‧小雅》曰：「琴瑟擊鼓，以御田祖，以祈甘雨。」《毛傳》謂：「田祖，先嗇也。謂始耕田者，即神農也。」周代天子每於年終即有「八蠟」之祭，祭祀與農業有關之八種神明，包括先嗇、司嗇、農、郵表畷、貓虎、坊、水庸、昆蟲等，其中先嗇即指神農氏。

　　漢代以後，對於神農興盛農業、製作農具、勸民耕種、改善民生之事蹟，有更加詳細的闡述，如《淮南子‧脩務訓》曰：「古者民茹草飲水，采樹木之實，食蠃蠬之肉，時多疾病毒傷之害，於是神農乃始教民播種五穀，相土地宜，燥濕肥墝高下。」《白虎通義》亦曰：「謂之神農何？古之人民皆食禽獸肉，至於神農，人民眾多，禽獸不足，於是神農因天之時，分地之利，制耒耜，教民農作，神而化之，使民宜之，故謂之神農也。」除了對農業的開創之功外，尚有（一）開創醫藥業，如《淮南子‧脩務訓》中記載神農嘗百草，

以身試毒，開啟醫藥救人之功績，曰：「（神農）嘗百草之滋味，水泉之甘苦，令民知所辟就，當此之時，一日而遇七十毒。」（二）首創製陶業，如《逸周書》所曰：「神農之時天雨粟，神農耕而種之，作陶冶斤斧⋯⋯」（三）發明琴瑟樂器，如《淮南子‧泰族訓》曰：「神農之初作琴也。」

　　西漢末年，劉歆為了給予漢取代秦及王莽新朝取代漢製造理論基礎，乃撰《世經》將神農與炎帝合稱為一，並在班固《漢書》的轉載及宣傳下，遂有後世所稱「炎帝神農氏」的出現[3]。根據《左傳‧哀公十七年》所載：「炎帝以火紀，故為火師而火名」，可知炎帝本為火神，亦為太陽神，劉歆為配合其五德終始之說，以黃帝為土德，神農早於黃帝，應為火德；加之火可焚耕、熟食，與農業、醫藥之關係密切，故將神農與炎帝分屬兩個不同的傳說系統合而為一，也使其農業及醫藥之神格更加凸顯。另外，炎帝神農氏教民以火熟食，改變原始先民「未有火化，食草木之實，鳥獸之肉，飲其血，茹其毛」的飲食方式，進入到文明飲食的時代，對於中國的飲食文化也有重大貢獻[4]。

　　唐代司馬貞所補之《史記‧三皇本紀》中，則明白記載神農的身世來歷及偉大事蹟，曰：

> 炎帝神農氏，姜姓。母曰女登，有蟜氏之女，為少典妃，感神龍而生炎帝。人身牛首，長于姜水，因以為姓。火德王，故曰炎帝，以火名。斫木為耜，揉木為耒，耒耜之用，以教萬人。始教耕，故號神農。于是作蜡祭。以赭鞭鞭草木，始

---

[3]　詳見楊善群：〈炎帝與神農氏「合二為一」考辨〉，上海市社會科學界聯合會《探索與爭鳴》8 期（2007 年），頁 18-20。

[4]　霍彥儒：〈炎帝與中國飲食文化〉，《華夏文化》3 期（2002 年），頁 39-40。

嘗百草，始有醫藥。又作五弦之琴。教人日中為市，交易而退，各得其所。遂重八卦為六十四卦。[5]

可見至唐代，炎帝與神農的傳說已完全合一，炎帝姓姜，火神，人身牛首，亦成為神農的身世及形象。除此之外，神農仍維持農業與醫藥的神格，並強化其始作蠟祭、作琴製樂、開市交易、創始六十四卦之功績。

宋代羅泌作《路史》，更進一步強化神農創制發明的功績，如謂神農「命白阜度地，紀脈水道，……于是辨方正位，經土分域」，而為繪製輿圖之創始；謂其「始諸飲食，蒸民乃粒」，故有創始飲食之功；另謂其「豫若天命正氣，節審寒暑，以平早晚之期」，則有立曆時節之功；又謂其「乃課工定地，為之城池以守之」，亦有創建古城之功；凡此擴大衍化神農的神格功能，對於後世神農信仰的普及實有關鍵的影響[6]。

綜上所述，神農由最初的農業之神，擴大為醫藥之神，又有開啟商業、紡織之功，發明製陶、琴瑟之舉；在與炎帝傳說結合後，又創制發明蠟祭、作琴、開市等制度與器物，並以火熟食，改變中國飲食文化；至宋代羅泌再擴大神農製輿圖、立時曆、建古城等功績，使其不僅因清末國族主義興起而與黃帝同為中華民族的始祖，且成為具有豐富神性的民間信仰神祇，及某些行業的祖師爺或保護神。由神農的傳說發展可知，神話傳說並非一成不變，在其流傳過程中常隨著人民生活需求與情感投射，而有附托及衍生出來的轉變，賦予傳說主角更多的屬性與功能，亦因此擴大豐富民間信仰的內涵。

---

[5] 司馬貞：〈三皇本紀〉，收於《史記會注考證》（台北：樂天出版社，1972年），頁11。

[6] 有關神農傳說的形成、內容及轉變，可參看鍾宗憲：《炎帝神農信仰》（北京：學苑出版社，1994年），頁56-118。

三、臺灣的神農大帝信仰

（一）信仰分布與發展

　　臺灣的神農信仰起源甚早，早在鄭成功來臺前十五年（一六四六）即有台南地方士紳姚孝於今神農街尾興建「開基藥王廟」，塑像祭祀藥王神農大帝。清領時期官方與民間皆甚重視神農信仰，根據乾隆十一年（一七四六）范咸編纂之《重修臺灣府志》記載，雍正五年（一七二七）頒行「耕耤禮」，臺灣府、諸羅縣、鳳山縣、彰化縣皆設立「先農壇」，每年十月初一由官員代表祭祀先農[7]；民間則隨著漢人移民的日益增多，一方面須面對瘴癘瘟疫的威脅，另一方面則希望農業開墾順利，故具有農神、穀神、藥神等神性的神農大帝自然成為先民奉祀崇拜的對象，發展出比大陸內地更為普遍的神農信仰[8]。

　　根據余光弘歸納日治時期至八〇年代的寺廟調查統計[9]，主祀神農大帝的寺廟數及所佔百分比如下：

年　份	1918 年	1930 年	1960 年	1966 年	1975 年	1981 年
寺廟數	60	66	80	81	114	112
百分比	1.73	1.80	2.08	1.93	2.14	2.02

---

[7]　范咸纂輯：《重修臺灣府志》（台北：臺灣銀行經濟研究室，1961 年），頁 249-266。

[8]　林衡道即指出：「這神（神農大帝）在從前大陸各省並未獲普遍祭祀，在臺灣卻廟宇林立，農民奉祂為農業的守護神。」（氏著：《臺灣歷史民俗》，台北：黎明文化公司，1988 年，頁 95）

[9]　詳見余光弘：〈臺灣地區民間宗教的發展〉，《中央研究院民族學所集刊》53 期（1982 年），頁 81。

　　此一期間神農大帝的寺廟呈小幅成長，所佔百分比雖小有升降，但大體都平穩保持在 2%左右，在全臺寺廟主祀神中約排名十一位，次於王爺、觀音菩薩、天上聖母、釋迦牟尼、福德正神、玄天上帝、關聖帝君、保生大帝、三山國王、中壇元帥等神祇。由此也可看出，雖然此一期間臺灣逐步從農業社會發展成工商社會，但神農大帝的信仰並未因此衰退，顯示其農神性格一方面在農村地區仍受重視，一方面則未侷限其在都市地區的發展。

　　近廿五年來，由於經濟的發展，寺廟數目持續增加，尤其八〇年代初期，更呈現「躍昇」的現象[10]。神農大帝廟宇在這段期間也有大幅增加，根據中華神農大帝協進會的調查統計，二〇〇七年臺灣有一百五十六座以神農大帝為主神奉祀的廟宇[11]，在二十一個縣市的分布情形如下：

排名	縣　市	寺廟數	排名	縣　市	寺廟數
1	台南縣	19	12	桃園縣	4
1	屏東縣	19	12	雲林縣	4
3	台北縣	14	12	南投縣	4
3	高雄縣	14	15	新竹縣	3
5	苗栗縣	13	15	台中市	3
6	台北市	9	15	台南市	3
6	宜蘭縣	9	15	台東縣	3
8	彰化縣	8	15	花蓮縣	3

[10] 宋光宇：〈四十年來臺灣的宗教發展〉，《宗教與社會》（台北：東大，1995年），頁 178。

[11] 中華神農大帝協進會：《全國奉祀神農大帝宮、廟、殿、堂、壇通訊錄》（2007年）。本資料涵蓋全臺加入與未加入中華神農大帝協進會的宮廟，不過應仍有不少未調查到的同祀宮廟，以高雄市為例，根據市府民政局之宗教查詢系統顯示有七座，但本通訊錄僅列六座，其中有兩座為市府立案而通訊錄未列入。

8	嘉義縣	8	20	嘉義市	2
10	台中縣	7	21	澎湖縣	1
11	高雄市	6	總　計		156

可見神農大帝廟宇主要仍集中在台南、屏東、苗栗、宜蘭等以農業為主的縣，但都會型的台北及高雄兩市，及台北、高雄兩縣非農業鄉鎮也有許多同祀廟宇，顯見神農大帝確能超越農神性格的侷限，而為不同地區的信徒所信仰。

另外，相較於保生大帝、清水祖師、開漳聖王等與移民社群關係密切的神祇，神農大帝則能為閩、粵兩地移民所共同接受，神靈多由漳、泉、粵等地迎奉而來，廟宇遍佈全臺，故為全國性之信仰，而無地域性之區別。相較而言，神農信仰在客家地區尤為普遍，如桃園縣、新竹縣、苗栗縣全部的神農廟宇及高雄縣、屏東縣的部份廟宇都位於客家鄉鎮內；而臺灣最晚開墾的台東、花蓮兩縣，神農廟宇也幾乎皆設在客家庄，如台東市的「神農宮」、池上鄉錦園村的「保安宮」、太麻里香蘭村的「福農宮」、花蓮吉安鄉的「五穀宮」、玉里鎮春日的「五穀宮」等。客家族群對神農信仰的重視，主要是因客家人渡臺較晚，大多僅能在山區或偏遠地區進行農業開墾，因環境條件甚為艱難，故更需神農大帝的庇祐，以祈求開墾順利、五穀豐收。

（二）神明性格

中國古籍所記載的神農氏，具有豐富的神明性格，也是許多行業的祖師爺；而臺灣民間著重於神農的何種神性？信仰族群又以何種行業居多？先就民間對於神農大帝的稱呼來看，包括有炎帝、炎王、五穀先帝、五穀爺、先農、先帝爺、先公祖、五穀仙、藥王大

帝、粟母王、土神、田祖、田主等[12]，大約可區分為四大類：1、強調其民族始祖的性格，如炎帝、炎王等；2、強調其醫藥之神的性格，如藥王大帝；3、強調其農業之神的性格，如五穀先帝、五穀爺、先農、五穀仙、粟母王、土神、田祖、田主等；4、強調其醫藥或農業「祖師」的地位，如先公祖、先帝爺等。考察全臺主祀神農大帝的廟宇，以第一類稱號者最少，僅有三重先嗇宮早期有將神農大帝與黃帝同時奉祀，強調二者為「中華民族共祖」。第二類稱號者亦鮮少見，僅有台南市開基藥王廟以「藥王」稱呼神農大帝。第三類凸顯農神性格的「五穀王」、「五穀爺」等稱號最多，其中尤以客家庄最為普遍。第四類稱號較一、二類為多，且其強調之「祖師」地位亦多指農業而言。故由民間對神農大帝的稱號來看，顯示臺灣的神農信仰主要強調其農神性格，並重視其為農業「祖師」的地位，而少有「炎帝」的政治涵義與神話色彩。

　　再就民間流傳的神農感應事蹟及信徒身分來看，主要也都著重其農神的性格。台北保安宮後殿供奉的神農大帝，傳說是清末時期，有一位善人從河中撈起一尊五穀先帝神像，暫奉祀於土地公祠中。不久，北臺灣發生旱災，農民無法耕作，因此向五穀先帝祈雨，求籤指示曰：「須經景尾溪仔口乞雨，酉時可見雨下。」祈雨農民謹遵照辦，結果還未回到雙連前，大雨已滂沱而下，不僅解除旱象，也使當季五穀豐收，百姓乃將五穀先帝迎入保安宮後殿安座[13]。苗栗公館鄉五鶴山五穀宮，一八九七年間當地發生嚴重蝗蟲災害，該廟建醮三年驅除蟲害，從此蝗蟲絕跡；一九三四年發生嚴重的鐵甲

---

[12] 鍾宗憲、蕭淑芳：《神農大帝——五穀王》（台北：稻田出版公司，2001年），頁4。

[13] 廖武治監修：《新修大龍峒保安宮志》（台北：財團法人台北保安宮，2005年），頁149。

龜蟲害，該廟建醮一年，迄今也未再發生；一九六〇年因連年旱災、
蟲害及風災，該廟聯合當地七鄉鎮建醮一年，自此風調雨順，五穀
豐收[14]。二〇〇七年南彰化各水稻特區，發生葉稻熱病、紋枯病等
危害疫情，當地信仰中心開天宮乃恭請神農大帝出巡，由信徒敲鑼
打鼓，並在道路兩旁「灑米鹽」進行祭祀，希望能解除疫情；據說
當地六十年前也有類似災害，也在神農大帝出巡後解除[15]。大甲鎮
瀾宮每年神農大帝聖誕都會將其神像移至廟中央安座，供信徒祭
拜，不過前來祭拜者都為農民，甚少有中醫師團體；而附近鄉鎮的
輾米場及米穀公會，也都會在當天齊聚鎮瀾宮，選出正副爐主及辦
理交接[16]。另外，也有部份信徒團體著重於神農大帝的醫藥神性
格，如羅東中藥商為發揚漢藥祖師神農氏的精神，於一九八〇年成
立「羅東中藥商神農大帝會」，並供奉神農大帝金尊[17]；高雄市中
藥商公會每年神農大帝聖誕則會舉辦登山、捐血等有益活動[18]；然
就整體而言，民間對神農大帝的信仰與崇拜仍著重其農業之神的性
格，信徒也以農民居多。

　　臺灣的神農信仰為何特別強調其農業之神的性格？此亦可以
前引李亦園分析民間信仰形成之「渡海、開拓、定居、發展」四階
段說法來加以解釋。明清之際為「開拓階段」，來臺漢人最大的威
脅為瘴癘瘟疫，故當時興建的台南市開基藥王廟強調神農的藥神性

---

[14]　范榮達：〈神農大帝顯靈，五穀宮傳奇多〉，《聯合報》39 版，2000 年 6 月
　　24 日。

[15]　網址：http://e-info.org.tw/taxonomy/term/2301?page=1，摘錄自 2007 年 5 月
　　5 日中廣新聞網報導。

[16]　網址：http://www.taoismdata.org/product_info.php?products_id=1991，摘錄自
　　2007 年 6 月 12 日《人間福報》報導。

[17]　網址：http://www.ilchaa.org.tw/god.htm，宜蘭中藥商同業公會網站。

[18]　網址：http://www.blood.org.tw/index.php?action=magazine&id=972，摘錄臺
　　灣血液基金會：《熱血雜誌》298 期。

格。清乾隆之後進入「定居階段」，漢人移民漸多，農業開墾反而成為最重要的課題，強調農神性格的神農廟因而日漸增多；雖然此時疾病的威脅並未消失，但保生大帝、王爺等具有醫療祛病性格的神明信仰已漸普及，神農大帝的醫藥功能因此逐漸被取代，而其特有的農神性格則日益凸顯，形成今日神農信仰的狀況。而不論是「開拓」或「定居」階段，臺灣漢人首要關心的皆為求生存問題，加之地處邊陲，文教落後，使具有政治與文化義涵的「炎帝」始終未成為臺灣民間信仰的對象。

（三）神明造型與祭典

　　現今臺灣廟宇所奉祀的神農大帝，大致有兩種形象，一為頭角崢嶸、袒胸露臂、腰圍樹葉、赤手跣足、踞然而坐，手持稻穗或草藥，象徵上古時期須與洪水猛獸爭鬥的原始裝扮及教民耕種、嘗百草的祖師意義。另一為穿戴帝王的衣冠束帶，玉面長髯，表現民族始祖的帝王氣象與愛民護民的仁智風範。在外觀上，神農大帝的面部顏色有「赤」、「黑」、「綠」三色，如就古代文獻解釋，「炎帝神農氏」在陰陽五行中屬「火德」，故面為「赤」色；而漢代緯書《春秋命歷序》曰：「有神人，名石年，蒼色大眉，戴玉理。……輔號皇神農。」其所謂「蒼色」，《說文解字》曰：「草色」，亦可解釋「綠」面神農之由來。然依今臺灣民間的解釋，「赤面」的神農大帝代表尚未誤嘗毒草，所以臉色依舊紅潤；「綠面」則代表神農大帝在農業及醫藥方面的神格，亦有指祂教民農耕前，不得飽食而面有菜色之模樣；「黑面」則代表神農大帝嘗百草中毒，導致全身泛黑，為民犧牲；可見民間傳說自有其聯想與合理化解釋，不必與古代文獻說法相合。另外，鍾宗憲曾指出此一「黑面」神農的說法，僅限於苗栗以北地區，南部廟宇多認為「黑面」乃因香火熏黑所致，故南

部神農大帝多為「赤面」，少有「黑面」的[19]。不過，以筆者所見
高雄縣市奉祀的神農大帝多為「黑面」，如高雄市的菜公豐谷宮、
左營豐穀宮、林德官德興殿、後勁鳳屏宮及高雄縣的橋頭仕隆帝仙
宮、大社青雲宮等皆是，且亦有誤食毒草所致的說法，故鍾氏之說
實有商榷餘地。

每年農曆四月二十六日為神農大帝的聖誕，各地的神農廟宇皆
有熱鬧的祭典活動，為地方重要的節慶之一。三重先嗇宮於聖誕前
一天即有繞境祈安、迎神演戲，聖誕當天則由市長循古制行三獻
禮，並有過火、演戲及選爐主，祭典盛大熱鬧，居民稱之為「三重
埔大拜拜」，也與大稻埕霞海城隍祭、艋舺青山王祭典合稱為「台
北三大祭典」，二〇〇〇年起並擴大為「神農文化祭」活動。高雄
縣大社青雲宮也在二〇〇六年起擴大辦理「神農文化季」活動，內
容包括陣頭繞境、道教音樂、擲筊比賽及神農藥膳養身餐會等。桃
園龍潭龍元宮位於客家聚落的廟宇，在神農誕辰祭典有「賽豬公」
的習俗。新竹縣竹東鎮五穀宮則以白米堆疊出象徵福、祿、壽的「金
龍錢龜」向神農大帝祝壽。宜蘭市五穀廟則打造「春牛與老大」銅
像，並有「鞭春牛」儀式，提醒農民認真耕作。另外，台北市大龍
峒保安宮的後殿奉祀神農大帝，清領時期每三年舉辦一次遶境活
動，日治之初暫停，大正十二年（一九二三）才由大稻埕米商與大
龍峒人士提倡恢復，當時大米商瑞泰、和豐、協豐、義和、林益成、
振隆等各準備大型藝閣一臺慶祝，其他街肆米商與商團也準備藝閣
出迎；第二年起廟方更擴大辦理，參與者除米商外，藥商也出錢出
力地配合，遶境活動每況愈盛，參與的商行與店家愈來愈多，直至
昭和七年（一九三二）米商團體自行改於正米市場設壇祭祀，遶境

---

[19] 鍾宗憲、蕭淑芳：《神農大帝——五穀王》，頁 14-17。

活動才漸降溫[20]。終戰之後，臺灣省糧食局及台北市米商公會、中藥公會等單位首長皆會親自參與聖誕祭典，並有繞境及擺流水席宴客；至今規模雖不復從前，但仍會邀請米商公會及農會代表參與祭典，並維持有熱鬧的遶境活動。這些盛大而多樣的神農祭儀及慶典活動，內容也多與農業及醫藥有關，顯見神農大帝在民間信仰的特色與地位。

四、後勁鳳屏宮的神農信仰

依據市府民政局之宗教查詢系統[21]及中華神農大帝協進會的調查顯示，高雄市主祀神農大帝之廟宇共有八座，詳如下表：

行政區	寺廟名稱	地址
左營區	菜公豐谷宮	菜公一路 91 號
左營區	左營豐穀公	左營大路 495 號
楠梓區	鳳屏宮	後勁東路 22 號
苓雅區	德興殿	光華一路 148 之 6 號
旗津區	神農壇	海汕里海汕巷 38 號
小港區	龍鳳殿	朝德街 131 號
小港區	神農殿	永和路 41 號
三民區	高雄神農殿	民族一路 32 巷 26 弄 8 號

對照光緒二十年（一八九四）盧德嘉編纂《鳳山縣采訪冊》所載在今高雄市境內之先農廟有二：

---

[20] 廖武治監修：《新修大龍峒保安宮志》，頁 52。
[21] 網址為 http://cabu.kcg.gov.tw/religion

一在林竹竿莊（大竹），縣西七里，屋五間（額「德興殿」），道光八年林覃全等董建。

一在舊治東門外（興隆），縣西北十五里，屋六間，道光五年職員陳天奎修，今廢。[22]

可知清代所建之神農廟，今高雄市境內僅有「德興殿」一座，不過廟址已因市地重劃而有遷移，今之廟體建築亦為一九九六年所建成[23]。

後勁鳳屏宮確實的興建年代不詳，依該廟沿革所載：「鳳屏宮舊名為仙公祖廟，後勁人敬稱仙公祖，為後勁住民之守護神，本宮至今有壹佰餘年，曾於民國三十五年重修結構，坐南向北為第二次之先公祖廟。民國六十三年……討論重建鳳屏宮，……於民國七十一年九月十九日全部竣工。」可知今之鳳屏宮已經兩次重建，而最初建廟年代僅謂「至今有壹佰餘年」，不過因《鳳山縣采訪冊》未載該廟，但在昭和十三年（一九三八）曾景來所著之《臺灣宗教與迷信陋習》中有所記載，故初建年代應在一八九四年至一九三八年之間。

另外，後勁鳳屏宮之香火緣起為何[24]？該廟沿革並未記載。經查訪地方人士，有由大社鄉三奶壇青雲宮分靈而出之說法。筆者認為此一說法之可信度頗高，理由有四：

---

[22] 盧德嘉：《鳳山縣采訪冊》（台北：臺灣銀行經濟研究室，1971 年），頁 165。

[23] 詳見高雄市政府民政局之宗教查詢系統所載「德興殿」之沿革。

[24] 依據鍾宗憲的分析，臺灣神農廟宇的興建（香火緣起），除分靈別祀立廟外，主要可分為四種類型：（一）自家鄉迎奉來臺立廟者，如嘉義縣水上鄉的新興宮。（二）為開墾求福而公議立廟者，如苗栗縣竹南鎮五穀仙帝宮。（三）由地方士紳招募立廟者，如台南市開基藥王廟。（四）因偶然機緣而立廟者，如苗栗縣公館鄉的五穀宮，原僅奉祀土地公，後因遷臺粵人吳汝宗將家中「五穀神農皇帝」牌位移請該廟，再加上後人為其塑神農大帝金身，此廟

（一）盧德嘉《鳳山縣采訪冊》已有大社青雲宮之記載：「一在籬仔內莊（觀音），縣北十九里，屋八間（額「青雲宮」），嘉慶十二年洪廷錦董建。」可見此廟興建年代甚早。另在〈青雲宮沿革誌〉亦載：

> 神農大帝乃本庄境主，管轄大社鄉五個村行政區，分別是神農村、三奶村、觀音村、翠屏村、中里村。由於神威顯赫、道法無邊，近兩百年來遠近馳名，成為臺灣奉祀神農大帝的祖庭之一，分靈而出之廟宇眾多，其中以高雄地區為最多，出巡繞境以南巡大典為主，巡狩十三庄，……因信徒眾多，又在神農大帝指示之下，巡狩範圍再增加夢裡村、鳳山市大赤山、山仔腳（大華村）、後勁四個庄，使南巡大典成為巡狩十七庄。[25]

大社青雲宮既為臺灣奉祀神農大帝的祖廟之一，且高雄地區眾多廟宇皆由此分靈而出，則同為奉祀神農大帝之鳳屏宮由青雲宮分靈而出之可能性甚高。另青雲宮將後勁地區納入其巡狩範圍，顯見兩地在神農信仰上亦有一定的關聯性。

（二）據鍾宗憲之研究，臺灣大部分以神農大帝為主神的廟宇，都有福德正神與註生娘娘陪祀，此除隱含「生／死」的生命觀與「陰／陽」宇宙觀外，主要尚因「土地」為農業之基本要素[26]，而農業社會需要大量人力，故神農廟多有此掌管「土地」及「生育」

便更名為五穀宮。（氏著：《炎帝神農信仰》，頁 135-136）

[25] 不著撰人：〈青雲宮沿革誌〉，《神農大帝靈籤修輯錄》（全國道教神農大帝聯誼會，2000 年），頁 7-8。

[26] 掌管「土地」的福德正神亦有護佑農業的功能，因此民間有「田頭田尾土地公」的俗語；然因 其神格較神農大帝低，故通常為神農廟之陪祀神明，甚至有一些神農廟之前身為土地公廟，如台東太麻里「福豐宮」、南投國姓鄉「五穀宮」，苗栗縣公館鄉「五穀宮」等，顯示兩神之密切關係。

之兩神陪祀[27]。今考大社青雲宮除陪祀福德正神與註生娘娘外，主要尚陪祀紫微大帝（俗稱天官大帝）及清虛大帝（俗稱地官大帝），而後勁鳳屏宮亦陪祀此兩尊神明；此一特殊陪祀神明的相同點，亦顯示兩廟應有其關聯性。

（三）據鄭水萍調查日治時期的戶籍，後勁人的母系主要來自左營庄（一〇九位）、右沖庄（一〇七位）、楠梓坑庄（六十五位）、三奶壇庄（五十八位）、仁武庄（四十八位）等五個庄頭[28]；此亦顯示早年後勁與大社三奶壇之間有密切的親屬血緣關係，故後勁鳳屏宮經此一關係而由大社三奶壇青雲宮分靈而來，實有相當大的可能性。

（四）大社本地人稱青雲宮為「老祖」廟，外地人則以「仙公祖（先公祖）」廟稱之[29]，此一稱法並不多見，而後勁鳳屏宮亦稱為「仙公祖」廟[30]，顯見兩廟應有關聯性。

再者，後勁鳳屏宮所供奉神農大帝之主要性格為何？一般而言，神農大帝多具有農業之神與醫藥之神的性格，如由前述分析臺灣民間對神農的信仰與崇拜來看，應是農神性格遠超過醫藥神性格，後勁鳳屏宮亦不例外，理由有三：

（一）根據日治大正四年（一九一五）的人口調查顯示，後勁總人口數為二〇二一人，其中從事農業的自耕農與地主為七一六人，佃農為一〇二四人，合計有一七四〇人務農，佔總人數的八成以上[31]，顯示其早期人口以農民為主，自然會注重神農大帝的農神性格。

---

[27]　鍾宗憲：《炎帝神農信仰》，頁148。

[28]　鄭水萍：《後勁大代誌》，頁50。

[29]　不著撰人：〈青雲宮沿革誌〉，頁7。

[30]　一般多以「仙公祖」稱呂洞賓，即孚佑帝君；「先公祖」方指神農大帝。因此，後勁鳳屏宮應為「先公祖」廟，而非「仙公祖」廟。

[31]　鄭水萍：《後勁大代誌》，頁80。

（二）鳳屏宮內中庭兩側各有一幅浮雕壁畫，分別為「神農大帝發明耒耜教民耕種」、「神農大帝嚐百草醫民百病」，顯示兼顧神農大帝農、藥兩種神性；然再就其正殿楹聯觀之，由內而外分別為「神恩普照黎民風調雨順千頃碧，農德遍施蒼生國泰民安萬家春」、「典籍考三墳草昧初開式煥人文昭景運，治療嘗百藥芸生攸賴永為醫國樹儀型」、「千載沛恩膏永賴明農資飲食，萬民治德澤常酬教稼獻杯盤」、「鳳德顯赫五湖四海承聖惠，屏施法雨萬載千秋慶豐收」等，其中除「治療嘗百藥云生攸賴永為醫國樹儀型」一句為稱頌神農大帝之醫藥功德外，其餘皆在推崇祂對於農業的偉大貢獻，顯示其農神性格較為地方所重視。

（三）由於神農大帝具有醫藥之神的性格，故廟內大多設有「藥籤」，供信眾求取治病；然考察後勁鳳屏宮內並未設有「藥籤」，僅有解功名、婚姻、事業的「靈籤」，反而是當地奉祀保生大帝的主廟「聖雲宮」（老祖廟）設有「藥籤」，負起賜藥治病之責。保生大帝本名吳本，北宋福建泉州白礁人，因生前醫術高明而成為民間信仰的神明，後勁地區顯然將醫藥之神的性格賦予保生大帝，神農大帝則著重其農業之神的性格，呈現出社區居民在信仰形成演化過程中為神明「分工」的有趣現象。

不過，如同中國歷史上神農氏的功績與神性不斷的擴張，在後勁鳳屏宮也隱約看得出此一現象。根據該宮廟的進香順序冊內所載之「神農大帝略傳」，其內容文字明顯轉引自全國寺廟整編委員會所出版《民間信仰神祇史考叢集——神祇列傳》之〈神農大帝〉一文，頗值得玩味的是在該略傳敘述「神農可說是最早提倡生態保育者，其在春、夏正逢動物繁殖之時，要求百姓个得濫殺，使萬物得以繁衍生長……」之後，又加入唯一一段非轉引之文字：

地球共有一個，今日世界各國大力提倡環保運動，其中不濫
殺稀有動物一項，以維護自然生態平衡，早在神農大帝時代
即大力倡導，且成果豐碩，可知神農大帝是環保運動的先知
先覺者。[32]

　　從此一文字可明顯看出後勁鳳屏宮有意凸顯神農大帝在環保
生態上的貢獻與影響，擴大其神明性格與現代功能。

　　自從一九六〇年代美國瑞秋・卡森（Rachel Carson）出版《寂
靜的春天》一書，控訴 DDT 對生態的破壞，使環保運動隨著美國
女權運動、黑人民權運動、反越戰等社運風潮而散播開來。臺灣在
一九六九年刊載瑞秋・卡森的文章，使環保意識開始萌芽；一九七
〇年代公害問題逐漸嚴重，環保的呼聲亦愈加高漲；一九八〇年
代，臺灣的環保運動風起雲湧，尤其一九八七年解嚴後，後勁地區
所掀起之「反五輕運動」，更帶動民間自力救濟、抗爭污染的高潮，
堪稱臺灣環保運動的重要里程碑[33]。

　　「反五輕運動」源於行政院計畫於一九八七年在後勁興建中油
第五輕油裂解工廠，後勁居民乃成立自救會圍廠抗爭，甚至北上經
濟部、立法院絕食抗議，後來延至一九九〇年當時行政院長郝柏村
到後勁夜宿協商，在承諾二十五年後遷廠，落實環境污染監測，且
提出回饋基金方案後，五輕廠方得以動工興建。直至今天，後勁居
民仍積極監督中油五輕的環保與工安，並要求政府履行中油公司高
雄煉油廠於二〇一五年遷廠的承諾。後勁地區強烈的環保意識也投
射到神明的信仰上，尤其當地的「廟產管理委員會」為社區公共事

---

[32] 後勁鳳屏宮：〈神農大帝略傳〉，《庚辰年農曆四月二十四日後勁鳳屏宮神農
大帝往台南縣北門鄉雙春遊憩區進香順序冊》，2000 年，頁 4。

[33] 詳見鄭水萍：《後勁大代誌》，頁 122-132。

務之決策中心，自然也是地方環保運動的推動者[34]，賦予神農大帝「環保之神」的性格，實有助於凝聚地方居民對於環保運動的意志與決心。

五、結語

　　神農信仰源於中國上古的神話傳說，從最初的農業之神，擴大為醫藥之神，再增加創制發明製陶、蠟祭、作琴、開市等制度器物及製輿圖、始飲食、立時曆、建古城等功績，成為中華民族的共祖與有關行業的祖師爺。明鄭以來，隨著閩、粵漢人的移民，神農大帝成為普及臺灣的民間信仰，淡化了政治與文化的涵義，而凸顯其農業之神的性格。

　　神話傳說在流傳過程中，常有附托及衍生出來的轉變；神農信仰既源於神話傳說，其信仰內容亦非一成不變，常隨著時代與環境的變遷、地方信眾的生活需求而有所調整與轉化。宋光宇曾指出：「中國民間信仰沒有特定獨立的經典與儀式，而是和日常生活混合在一起。一旦日常生活起了變化，產生各種需求和壓力時，民間信仰就會提供應付或疏解的辦法。」[35]此一隨著信眾日常生活所作的調整與轉化，常是民間信仰能在現代社會仍保有旺盛生命力的重要原因。

---

[34]　一九八七年八月廿二日後勁鳳屏宮信徒代表全數通過撥款二百萬元支持反五輕運動，帶動後續更激烈抗議行動，顯見鳳屏宮在反五輕運動中所扮演之重要角色。(見劉永鈴〈我參加的後勁反五輕運動〉，收入《後勁大代誌》，頁 130-131。)

[35]　宋光宇：〈當前臺灣民間信仰的發展趨勢〉，《社會與宗教》(台北：東大圖書公司，1995 年)，頁 260。

　　環境保護乃當前社會所面對的重要課題，神農大帝對於農業與醫藥的開創之功，其實已隱含天地萬物相互滋養、共存共榮、生生不息的環保意識；尤其當臺灣由農業社會轉型為工業社會的過程中，為追求經濟發展所付出破壞生態環境的代價，更使有識之士以「農業／自然」與「工業／污染」的辯證來喚起社會的環保意識。後勁鳳屏宮試圖凸顯神農大帝的環保性格，雖然尚未見深入的論述，但將守護農業的神農大帝與環保運動相連結，已為傳統的神農信仰帶來發展的新契機。

　　臺灣神明的角色功能常隨著時代而改變，如媽祖本為航海之神，今已擴大兼具守護神與財神之雙重角色；關聖帝君本為正義的化身，但今亦有驅邪祛病與財神的功能。此一神明角色功能的擴大，雖反映出臺灣民間信仰的彈性與活力，但由於大多出於功利的目的，也使上層知識份子與之漸行漸遠。神農信仰與環保運動的結合，如能透過宗教及環保人士的論述，深化其理論與內涵，再增加廟宇、祭儀、祭品中的環保元素，吸引更多知識份子的參與，未嘗不是傳統民間信仰新生的典範。二〇〇二年十一月廿三日來自全臺十二萬農漁民因反對政府農漁會改革政策，而抬出神農大帝到總統府抗議；未來臺灣的環保與生態運動是否也會看到神農大帝走上街頭？值得吾人關注與期待。

當前臺灣保生大帝信仰的發展

——以全國保生大帝廟宇聯誼會
為中心的分析

一、前言

在臺灣擁有廣大信徒的保生大帝，本名為吳本（音 Tao），福建泉州府同安縣白礁鄉人，生於北宋太宗太平興國四年（九七九）三月十五日，卒於北宋仁宗景祐三年（一〇三六）五月二日，享年五十八歲。吳本一生茹素，醫術高超，救人無數，因此民間流傳「醫龍目」、「治虎喉」等許多傳說，歷代王朝曾敕封「慈濟」、「忠顯侯」、「英惠侯」、「康佑侯」、「靈護侯」、「沖應真人」、「孚惠真君」、「保生大帝」等封號[1]，民間亦尊稱為「大道公」。

保生大帝信仰最初以同安一地為盛，隨後發展至閩南各地，尤其以泉州府所轄之同安縣、安溪縣、晉江縣、南安縣，以及漳州府所轄之海澄縣、龍溪縣、漳浦縣、長泰縣為多，建立許多以「慈濟」為名的廟宇。根據文獻記載，臺灣最早的保生大帝廟出現於荷據時

---

[1] 根據范正義的考證，除「慈濟」、「忠顯侯」、「英惠侯」等三個封號出自《宋會要輯稿》，較為可信外，其他封號未必是王朝敕封，甚至很有可能是當時信徒偽造的。（詳見氏著：〈祀典抑或淫祀：正統標籤的邊陲解讀——以明清閩台保生大帝信仰為例〉，《史學月刊》11 期，2005 年，頁 76-77）

期的廣儲東里（今台南縣新化鎮）[2]；然今多公認清康熙四〇年（一七〇一）所興建的學甲慈濟宮為臺灣保生大帝信仰的開基祖廟。清初隨著閩南移民逐漸來臺，原鄉的保生大帝信仰也在此地發展開來，根據《重修臺灣府志》的記載，在乾隆初年的保生大帝廟有二十三座，高於關帝廟的十八座、觀音廟的十六座、媽祖廟的十五座及玄天上帝廟的十四座，高居民間寺廟的榜首，顯見當時保生大帝在臺灣民間信仰的重要地位[3]。

　　然而，隨著閩南移民漸趨飽和，社會由定居階段進入到發展階段[4]，民間信仰保生大帝的比重逐漸降低。依據余光弘歸納日治時期至八〇年代的寺廟調查統計，主祀保生大帝的寺廟數及所佔百分比如下：

年　份	1918 年	1930 年	1960 年	1966 年	1975 年	1981 年
寺廟數	109	117	141	139	160	162
百分比	3.14	3.20	3.67	3.31	3.00	2.92

---

[2]　陳文達纂輯：《臺灣縣志・雜記志九》（台北：臺灣銀行經濟研究室，1961年），頁213。

[3]　李世偉：〈保生大帝信仰在華人地區的傳佈〉，《真人》17期（2006年），頁9-10。

[4]　李亦園曾以漢民族來台過程分析「民間信仰」的形成，包括渡海、開拓、定居與發展等四個階段：（一）渡海階段，因移民須以不成熟的航海技術面對「黑水溝」的凶險，故多供奉媽祖、玄天上帝等海神，以祈求平安渡台。（二）開拓階段，因須面對台地瘴癘瘟疫的威脅，故多奉祀「王爺」等瘟神，以安定恐懼心理。（三）定居階段，因須組成堅強的社群團體，以爭取土地、水利等資源，故多以同一地域所共同供奉的神祇作為團結整合之象徵，如漳州人拜「開漳聖王」、泉州同安人拜「保生大帝」、安溪人拜「清水祖師」、三邑人拜「廣澤尊王」、客家人拜「三山國王」與「義民廟」等。（四）發展階段，因人際關係網絡的建立，特別是商業性的交往，亟需一種講信用、重義氣之象徵作為行為的準則，而有「關公」信仰的產生。（氏著：〈臺灣民間宗教的現代趨勢〉，《田野圖像》，台北：立緒文化，1999年，頁288-290）

　　余光弘因此指出包括保生大帝在內的各種祖籍神明,「就其在臺灣區廟宇所佔之比率來看,其相對的重要性則有逐漸減低的趨勢。由若干實證的研究來看,祖籍神明信仰的逐漸放棄,在臺灣目前的民間宗教中是一個值得注意的現象,故主祀鄉土性神祇的寺廟數自然相對上是呈減退的。」[5]

　　近廿五年來,由於經濟的發展,寺廟數目持續增加,尤其八〇年代初期,更呈現「躍昇」的現象[6]。保生大帝廟宇在這段期間也有大幅增加,一九九〇年成立全國保生大帝廟宇聯誼會,會員宮廟有二三八座[7];二〇〇六年會員名錄則已達二六〇座,顯見屬於祖籍神明的保生大帝信仰,其重要性並未如余光弘所研究有逐漸減低的趨勢。尤其值得注意的是,在一九九〇年全國保生大帝廟宇聯誼會成立之後,積極推動兩岸信仰文化的交流、華人信仰網絡的建立、信仰神話及儀式的規範、同祀廟宇的聯誼互助等,皆有相當顯著的成果,因此民間亦流傳有「鬧熱看媽祖,團結看大道公祖」的說法。此一以個別神明同祀廟宇所組成的全國性組織,近年來頗為風行[8],保生大帝廟宇聯誼會可謂開風氣之先,亦為臺灣民間信仰發展過程中頗為特殊的現象,值得深入探究[9]。本文即希望透過該

5　詳見余光弘:〈臺灣地區民間宗教的發展〉,《中央研究院民族學所集刊》53期(1982年),頁81-93。

6　宋光宇:〈四十年來臺灣的宗教發展〉,《宗教與社會》(台北:東大,1995年),頁178。

7　劉玉堂:《大道公傳與全國保生大帝廟宇聯誼會大事記》(台南:全國保生大帝廟宇聯誼會,2002年),頁18。

8　如一九九九年成立全國關聖帝君弘道協會;二〇〇一年成立臺灣媽祖聯誼會、全國神農大帝聯誼會(今中華神農大帝協進會);二〇〇六年成立全國城隍廟聯誼會等。

9　有關全國保生大帝廟宇聯誼會之研究,就筆者所見僅有大陸學者范正義:〈區域信仰網絡中的民間組織——當代臺灣保生大帝廟宇聯誼會的個案解讀〉(《臺灣研究集刊》88期,2005年,頁66-74)乙文;惟該文較著重兩

會的成立背景及其十六年來所推動的重要事務，分析當前臺灣保生大帝信仰的發展趨勢，從中亦期能看出臺灣民間信仰的現存問題及其未來發展的方向。

二、全國保生大帝廟宇聯誼會的成立與發展

　　全國保生大帝廟宇聯誼會的成立，主要緣於一九八七年十一月二日政府宣佈開放國人赴大陸探親與奔喪，開啟台海兩岸宗教與文化交流的大門，當時學甲慈濟宮董事長周大圍前往福建同安縣的白礁慈濟宮（現隸屬於漳州龍海市角美鎮）謁祖，目睹祖廟破落不堪，且當地信徒囿於財力，並無整修之意，其認為「祖廟如此沒落，而臺灣經濟非常發展，人民生活富裕，今『大帝爺』娘家（後頭厝）如此破落，身宛如出嫁女兒的臺灣保生大帝信徒，應該回娘家好好的幫助它修建，以恢復其雄偉廟貌，並維護古蹟。」[10]因此，周氏遂有成立聯誼會的想法，希望集結全國保生大帝廟宇的力量，共同捐資整修白礁慈濟宮祖廟。

　　一九八九年四月周大圍再赴廈門參加「祝賀吳真人誕辰一〇一周年學術研討會」，此行看見大陸學者對保生大帝事蹟的廣泛研究，是促成其成立聯誼會的另一個原因。同年九月十日聯誼會籌備會成立，周大圍被公推為首任會長，在致詞時即表示：「看到大陸經濟凋蔽，宗教理念中斷四十餘年的今天，重新喚起人們對吳真人事蹟加以研究，實在敬佩。……而臺灣經濟富裕，信仰自由，一座座的廟宇不斷興建，但對保生大帝為何值得崇拜？多數信徒未深入

　　　岸宗教文化的交流，對於當前臺灣民間信仰的生態較少有深入討論。
10　黃有興：〈學甲慈濟宮與壬申年祭典紀要——兼記前董事長周大圍〉，《臺灣文獻》46 卷 4 期，（1995 年 12 月），頁 186。

之瞭解。今日組織聯誼會的目的，就是要相互研究，對保生大帝偉大事蹟及其崇高的神格，如何加以發揚光大，使全部信徒有深入的認識瞭解，此乃聯誼會的義務與責任。」[11]

聯誼會之籌備會出席會員高達二三二人，在各廟宇的踴躍響應下，白礁慈濟宮修建促進委員會亦隨即成立，積極投入祖廟的整修工作。一九九〇年三月一日聯誼會編印的《真人》期刊正式創刊，踏出宣揚及研究保生大帝事蹟的第一步[12]。同年九月卅日聯誼會召開第一屆第一次會員大會，討論通過組織章程，並選出會長、委員廿五名、常務委員七名、監察人七名、常務監察人等，聯誼會正式成立運作。

聯誼會能順利成立，主要原因可歸納三點：（一）學甲慈濟宮的地位。發起人周大圍所屬宮廟——學甲慈濟宮為公認在臺保生大帝信仰的開基祖廟，由該宮分裝金身或香火奉祀者遍及全國各地，每逢「上白礁」祭典或保生大帝聖誕，分靈廟及友廟均會前往進香或參香；尤其已有三百餘年歷史的「上白礁」祭典，逐年擴大規模，從早期區域型廟會提升到全國性祭典，更樹立學甲慈濟宮在全國保生大帝廟宇中的領導地位[13]。因此，當學甲慈濟宮董事長周大圍登高一呼，全國各廟宇自然響應景從。（二）周大圍的人格聲望。周氏經營農牧場及養雞場有成，常認為乃保生大帝保佑，應將所賺金錢布施於世，回饋社會。因此，自一九八一年參與學甲慈濟宮董事會以來，全心投入廟務，不時捐獻資金，積極推展該宮宗教文化與社會教育事業，使個人及宮廟之聲望日隆[14]，也因此能號召全國眾

---

[11] 同上註，頁 118。

[12] 劉玉堂：《大道公傳與全國保生大帝廟宇聯誼會大事記》，頁 18。

[13] 詳見黃有興：〈學甲慈濟宮與壬申年祭典紀要——兼記前董事長周大圍〉，頁 111-113。

[14] 同上註，頁 173-174。

多保生大帝廟宇加入聯誼會。（三）整修祖廟的號召。白礁慈濟宮為保生大帝信仰的祖廟，臺灣保生大帝廟宇多自其直接或間接分靈而來，二者具有「擬親屬關係」[15]，並不因兩岸隔離而斷絕。周大圍能在兩岸甫開放交流之際，即返祖廟謁祖進香，並以整修破落祖廟為號召，重新串起臺灣各廟宇與祖廟間的擬親屬情感，故能帶動各廟宇加入聯誼會，以促成祖廟的早日修復。

　　聯誼會成立至今已有十六年，其章程並無太大變動，主要任務有三：（一）弘揚保生大帝平生慈悲濟世、護國活人之精神；（二）研究發揚保生大帝醫術、醫德及經典史跡；（三）促進同祀廟宇之發展及會員之聯誼，並興辦公益、文化慈善事業。組織成員分為奉祀保生大帝廟宇的團體會員及贊助會員，由團體會員選舉委員，委員選舉常務委員，再由委員就常務委員中選舉會長、副會長。會長任期三年，連選得連任一次。歷任會長及其所屬宮廟，如下表：

任　別	第一任	第二任	第三任	第四任	第五任
任　期	1990~1994	1994~2000	2000~2002	2002~2005	2005~2007
會長姓名	周大圍	賴煥樟	周尚賢	陳榮欽	廖武治
所屬宮廟	學甲慈濟宮	台中元保宮	學甲慈濟宮	仁德保華宮	台北保安宮

　　整體而言，較積極投入聯誼會會務者，仍以台南、高雄等南部宮廟為主；不過近幾年來，北部地區如台北保安宮、蘆洲保和宮、樹林濟安宮也都進入核心要位，是否會因此帶給聯誼會新的思維及轉型，值得觀察。

---

[15] 指分香子廟與母廟之間有擬似人類社會親屬關係中的母子關係。（參見張珣：〈臺灣媽祖研究新思維：「文化媽祖」研究的新取向〉，收入《臺灣本土宗教研究的新視野與新思維》，台北：南天，2003 年，頁 116）

三、兩岸信仰文化的交流

　　全國保生大帝廟宇聯誼會既緣於整修大陸祖廟而成立，則促進兩岸信仰文化交流也成為該會的重要任務，首任會長周大圍對此著力甚深，也為兩岸交流奠下良好的基礎。

　　周大圍除結合全國保生大帝廟宇之力，於一九九一年完成白礁慈濟祖廟之整修外，個人也獨資捐建昔日保生大帝曾在此施藥行醫的泉州花橋慈濟宮之義診樓，並於一九九二年落成啟用。自一九九〇年起，周氏連續三年組團到大陸祖廟謁祖進香，並克服重重的阻礙限制，於一九九二年促成由學甲慈濟宮分靈的福建晉江深滬鎮的滬江寶泉庵首度來臺進香，開啟兩岸保生大帝信仰的雙向交流。另外，周氏也在廈門及漳州市協助成立「吳真人研究會」，捐助其會務及宗教學術經費，並出版《吳真人學術研究文集》等專書，促進對岸學界對保生大帝信仰的深入研究。據統計周氏為兩岸宗教文化交流，往返奔波不下四十次，私人所耗金額逾一千萬元[16]，足見其出錢出力，投入之深。

　　事實上，兩岸開放宗教文化交流之後，臺灣寺廟競相前往大陸祖廟進香謁祖，產生許多負面效應。瞿海源即曾以媽祖信仰為例，指出臺灣許多寺廟為提升自身名位，競相誇富捐款來爭取大陸祖廟的友誼與認可，反映出臺灣寺廟的暴發戶心態及雙方以財力換取神力的交換關係，民間信仰的世俗性與功利性表露無遺[17]。而相較於媽祖信仰而言，周大圍在推動保生大帝信仰交流之初，即堅持兩岸

---

[16]　同上註，頁 174-175。
[17]　詳見瞿海源：《臺灣宗教變遷的社會與政治分析》（台北：桂冠，1997 年），頁 152-160。

廟宇皆應團結合作，不希望因為爭奪「祖廟」或「第一宮」而製造無謂的紛爭。因此，當一九九○年台中元保宮捐款修建青礁慈濟東宮落成，周氏即誠心無私地前往致賀，並特別委託廈門大學陳國強教授進行調查研究，指出白礁慈濟西宮及青礁慈濟東宮皆為祖廟群之一，藉以化解誰是「第一」，誰是「祖廟」紛爭[18]。周氏這種開放包容的胸襟，不僅使國內的保生大帝廟宇能團結在聯誼會之下，不以捐獻祖廟來競逐名位；同時也避免白礁與青礁兩廟為爭奪臺灣信仰資源的惡性競爭，對於促進兩岸保生大帝廟宇的團結和諧，實居功厥偉。

　　聯誼會在推動兩岸信仰文化交流的過程中，雖亦曾招致質疑[19]；然整體而言，大多能保持不卑不亢的態度，使交流工作朝正面的方向發展。一九九五年底，聯誼會組團往白礁慈濟宮進香，發現該宮未將臺灣進香團之捐款用於整修，而移作該村大隊興建大樓經費，故決議函請福建人民省政府、漳州市政府及龍海縣政府予以糾正，並要求該宮公佈十年來財務收支報表，以昭公信[20]；另外，一九九六年「臺灣中國海峽兩岸交流促進協會」擬恭請白礁慈濟宮鎮殿神尊來臺遶境，聯誼會在與白礁當地政府及廟方研商後，以此事關係全國保生大帝廟宇，應有一致行動，以免影響廟譽及主神形象，而決議不予接辦[21]；凡此皆顯示聯誼會獨立自主的立場與原則，不任由對岸祖廟予取予求。

---

[18]　劉玉堂：《大道公傳與全國保生大帝廟宇聯誼會大事記》，頁 26。

[19]　如一九九九年十月一日，台北保霞宮即曾去函建議聯誼會現時不宜前往大陸，並認為「我們有思源之心，彼岸當局並無同胞之情，動則以武力威脅，全然無視所有臺灣民眾心情及意願。……我們對大陸的廟宇投入太多了，何不將這些資金在臺灣境內為根基久遠的會員廟宇籌備整修。」（劉玉堂：《大道公傳與全國保生大帝廟宇聯誼會大事記》，頁 101）

[20]　同上註，頁 68-71。

[21]　同上註，頁 73。

　　在此一良性的交流與互動下，聯誼會對於對岸的影響力日增，如一九九六年聯誼會鑑於白礁慈濟宮後山石礦開採嚴重，已影響該宮的地理環境，特與大陸官方洽商，終獲龍海市政府應允停止開採[22]。二〇〇二年廈門市開元區打鐵街福壽宮將被拆遷而求助於聯誼會，在該會協助商討下，終獲原址保留[23]。二〇〇三年對岸具有五百年歷史的美仁宮、壽山宮、地頭慈濟宮有意拆遷，經白礁慈濟宮請求聯誼會出面協助溝通，該會特發函此三座宮廟，希能珍惜歷史文化遺產，予以原址保存[24]。二〇〇六年廈門海滄溫厝慈濟北宮憂心被廢，請求聯誼會出面協助，經該會會長廖武治親往對岸協調，終獲當地政府同意予以保存[25]。同年，廈門海滄青礁慈濟宮邀請聯誼會及台北保安宮共同主辦首屆的「保生慈濟文化節」，活動內容包括保生頌典、藝文獻演、文化節書畫展、景區建設項目奠基、保生慈濟堂揭牌及海峽兩岸吳真人文化學術研討會等，計有來自臺灣、東南亞各國及大陸各地宮廟代表與學者專家約二千多人共襄盛舉，也將名列臺灣十大民俗祭典之一的「保生文化祭」經驗順利傳播到對岸[26]。

　　從上述案例顯示，在聯誼會的主導下，兩岸保生大帝信仰文化的交流，不僅已跳脫以財力換取神力的交換關係，而進入到文化資產保存的深層內涵；且臺灣也逐漸由邊陲進入中心，建立起保生大

---

[22]　同上註，頁 69-71。

[23]　宜蘭市新生帝王廟：《全國保生大帝廟宇聯誼會第五屆第二次會員大會會刊》，2003 年，頁 23。

[24]　同上註，頁 23-24。

[25]　屏東北勢寮保安宮：《全國保生大帝廟宇聯誼會第六屆第二次會員大會會刊》，2006 年，頁 34。

[26]　詳見台北保安宮：《大道》43 期（2006 年），頁 7-10。

帝信仰的主體地位，反過來影響大陸的信仰發展，實已為兩岸民間
信仰的交流樹立一個新的典範。

四、華人信仰網絡的建立

　　保生大帝信仰除隨著閩南移民傳播到臺灣外，也流傳於東南亞
地區的華人社會中。據研究早在康熙年間青礁慈濟宮重建，即有巴
達維亞（今印尼雅加達）一帶百餘名華人捐款，其中尚包括甲必丹
等十二位領袖級人物，顯見當時華僑對祖廟重建的熱情。今東南亞
地區仍有許多保生大帝宮廟，如新加坡的天福宮本為清代漳泉移民
的活動中心及議事場所，咸豐十年（一八六〇）華人領袖陳宗淮自
大陸製作保生大帝神像運抵新加坡，而成為當地重要的保生大帝廟
宇，其管理單位新加坡福建會館，每年負擔六所小學部分經費，且
受託辦理公證結婚等業務，已超越一般廟宇的功能，在新加坡極具
重要地位。另外，菲律賓馬尼拉寶泉庵則為晉江旅菲華僑蔡紹周於
一九四八年分靈當地寶泉庵保生大帝香火所建，菲律賓旅菲福全同
鄉會也於一九八八年成立英林保生大帝董事會[27]；凡此皆可看出保
生大帝信仰在東南亞地區的廣泛流傳。

　　全國保生大帝廟宇聯誼會除致力於兩岸信仰文化交流外，對於
東南亞地區的保生大帝廟宇也積極建立交流網絡。一九九二年三
月，聯誼會會長周大圍為邀請海外同祀廟宇來台參加祭典及宗教文
化交流，親赴香港寶泉庵正爐、菲律賓馬尼拉寶泉庵正爐、宿務寶
泉庵拜訪，並促成該宮廟於同年四月組團來台參加「上白礁」祭典。
其中香港寶泉庵正爐成立於一九九〇年，由旅港深滬東安聯友會理

---

[27]　李世偉：〈保生大帝信仰在華人地區的傳佈〉，頁 12。

事長傅天福等人自滬江寶泉庵分靈而來；一九九二年在聯誼會的促成下，東安聯友會將寶泉庵正爐獻給旅港全深滬五澳七鄉同胞，藉以擴大信仰規模，並於翌年（一九九三）成立「香港寶泉庵正爐有限公司」，正式購置新廟安座[28]。香港與菲律賓寶泉庵皆由滬江寶泉庵分靈而來，滬江寶泉庵則由學甲慈濟宮分靈而來，此一擬親屬關係使香港寶泉庵自一九九二年起，連續三年來臺謁祖進香；二〇〇一年一月香港寶泉庵凌霄殿落成暨誦經團成團，同年四月菲律賓寶泉庵誦經團成團，聯誼會皆組團前往觀禮祝賀[29]，顯見彼此深厚的情誼。

　　二〇〇一年八月，聯誼會代會長周尚賢為擴大同祀廟宇的聯誼，親往新加坡保生大帝廟「真人宮」拜訪。該宮廟奉祀孫、吳、許三真人，在新加坡信徒眾多，香火鼎盛，在與聯誼會晤面後，也於同年十一月組團來臺參加會員大會。二〇〇二年五月真人宮得知屏東北勢寮保安宮需重建，及遭地震重創的埔里玉衡宮通天堂亟待修復，特匯款聯誼會近二十萬元新台幣贊助之[30]。同年十一月聯誼會組團到新加坡真人宮參加例行祭典，並到馬來西亞檳城拜訪主祀保生大帝的清隆宮，逐步擴大東南亞地區的華人信仰網絡。

　　由於聯誼會的積極努力，逐漸建立起以臺灣為中心，涵蓋大陸、香港、菲律賓、新加坡、馬來西亞的保生大帝信仰網絡，各宮廟間能超越國界地互助合作、共存共榮，實為保生大帝信仰的國際化跨出重要的一步。

---

[28] 劉玉堂：《大道公傳與全國保生大帝廟宇聯誼會大事記》，頁 35-36。
[29] 同上註，頁 137、140。
[30] 同上註，頁 164。

五、信仰神話及儀式的規範

　　民間信仰之形成，多出於神話的衍生與傳佈，逐漸產生崇拜的神明對象，再由人神互動的崇拜行為建立各種儀式，吸引廣大民眾的信仰。民間信仰的神話及儀式並未如一般宗教有明確的規範，常會隨著時空轉變而逐漸流失、扭曲與變質，以致無法保持原有的神聖性，而被視之為低級的迷信。

　　保生大帝信仰的神話至為豐富，大致可分為三類：一為吳本出生、修行、得道的神話，如「成夢懷胎」、「真人降生」、「偶遇異人」、「王母傳法」、「結廬礁山」、「白礁飛升」等；二為保生大帝行醫救人的神話，如「醫龍目」、「治虎喉」、「神方化骨」、「揭榜醫太后」、「却癘擊魔」、「國母賜獅」等；三為保生大帝在醫術以外之神蹟，如「除去賊寇」、「跨鶴退潮」、「輸米濟急」、「露幡救駕」、「除旱豐收」等[31]。而在臺灣尚流傳「媽祖與大道公鬥法」的神話，謂保生大帝與媽祖皆宋朝福建地區人氏，兩人曾論及婚嫁，但後來媽祖改變心意，使保生大帝甚為生氣，故於每年農曆三月廿三日媽祖誕辰當天施法術降雨，將媽祖淋個濕透；媽祖也不甘示弱，於每年農曆三月十五日保生大帝誕辰當天颳起大風，將保生大帝的黑紗帽吹落。此一神話顯然是因應閩臺的信仰神祇及特有氣候所衍生而來，在臺灣尤流傳深遠，以致民間有「三月十五大道公風，三月廿三媽祖婆雨」的俗諺[32]。

---

[31] 有關各個神話內容，可參見王來興：〈保生大帝實錄〉，收入《白礁慈濟祖宮史略》（龍海：白礁慈濟宮管理委員會，2005 年），頁 29-34。

[32] 參見戴寶村、王峙萍：《從臺灣諺語看臺灣歷史》（台北：玉山社，2004 年），頁 320-322。

　　此一「媽祖與大道公鬥法」的神話，雖反映出民間信仰中神明人格化的特性，但神明之間論及婚嫁及挾怨鬥法等情節，實已傷害到保生大帝的神聖性。因此，當一九九〇年全國保生大帝廟宇聯誼會得知臺灣電視公司將播出「媽祖後傳」連續劇，劇情為「媽祖鬥法大道公」後，即提出嚴正的聲明與抗議，並透過各地宮廟所屬民意代表向新聞局、電視公司等有關單位反映，強烈要求取消該節目。聯誼會主張「媽祖與大道公均為民間崇奉之正神，兩神何來鬥法之有？據《神異典》與《宋史》，或《泉府誌》均無記載相鬥之事。……在臺灣宗教中，兩神擁有絕大多數之信眾，……有關該節目劇情內容，如以杜撰有失偏頗而辱神威，則易引起廣大信眾之反彈，對社會宗教信仰更有不良影響。」此一聲明終為電視公司所接受，將劇中「大道公」角色更換播出[33]。一九九四年神學家李炳南在「寺廟志纂修研習會」中，進一步推翻「保生大帝向媽祖求婚」、「玄天上帝向呂仙祖借寶劍不還」、「呂洞賓三戲白牡丹」等三項民間流傳甚廣的傳說，其中李炳南指出「媽祖生於宋太祖建隆元年，而保生大帝生於宋太宗太平興國四年，媽祖十九歲時，保生大帝出生，何況媽祖廿八歲成道，兩人有婚嫁聯想，實在不可能。而民間之誤傳，導致供奉保生大帝與媽祖寺廟互有心結，甚至互不往來，誠是民間信仰上的盲點，不可不澄清。」聯誼會特將此說發函各會員廟宇，希能廣為傳佈，以正視聽[34]。二〇〇〇年八月，聯誼會對於第六感傳播公司將拍製「保生大帝」連續劇，特召開臨時會討論，要求「如有穿插感情故事，不能曖昧，保生大帝的仁心仁術、慈悲濟世的宗旨不可偏離。」[35]同年十二月，聯誼會再針對民雄文教基

---

[33]　劉玉堂：《大道公傳與全國保生大帝廟宇聯誼會大事記》，頁23-24。

[34]　同上註，頁56。

[35]　同上註，頁121。

金會所出版《民雄通訊》三十期中有保生大帝與媽祖鬥法之記載，特函請該會更正，亦獲接受[36]。由上述可知，聯誼會對於此一傷害保生大帝神格的神話，皆極力加以澄清與糾正；雖然此舉不免有混淆歷史與神話之處，但仍可看出該會維護信仰神聖性的用心。

除了消極地糾正不當的神話傳說外，聯誼會也積極地透過出版來宣揚保生大帝的神蹟，如一九九一年十月出版《吳真人傳奇》畫冊三千冊，分送給各會員宮廟及文化社教機構；一九九二年一月協助左營慈濟宮編印《保生大帝在臺灣傳奇》；同年四月又出版劉玉堂編著之《大道公傳》三千冊；凡此皆顯示聯誼會希望藉由圖書的出版傳佈，使保生大帝的神話能規範化，以確保信仰的神聖性。

另外，外在的信仰儀式是傳達宗教信念的主要活動方式，也是激發信眾宗教情感的重要來源，同樣需要給予規範化，以確保其神聖性。聯誼會對於信仰儀式有關的經文、祝文、藥籤及靈籤等，也儘可能給予規範化，並推廣至各宮廟統一使用。一九九二年一月，聯誼會委請顧問邱年永編輯保生大帝藥籤，以寄贈會員[37]。一九九三年三月，聯誼會決議將學甲慈濟宮編印之靈籤，寄贈各會員宮廟[38]。一九九七年五月，有會員提議由聯誼會統一製作各神明聖誕祭典祝文，供各宮廟參考；聯誼會決議一方面請各宮廟將現有祭典祝文提供該會彙整，一方面接洽台中聖賢雜誌社，將其發行之神明聖誕祝文範例送各會員宮廟[39]。一九九八年四月，台北保安宮錄製「大道真經錄音帶」，內容包括「保生大帝靈應讚」等，聯誼會協助分送各會員宮廟，希望加以推廣，使人人可朗朗上口[40]。

---

[36] 同上註，頁 135-136。
[37] 同上註，頁 34。
[38] 同上註，頁 41。
[39] 同上註，頁 80。
[40] 同上註，頁 86。

　　民間信仰由於沒有特定獨立的經典及儀式，相較於一般宗教更具有自由度與隨意性，其優點在於能隨外在環境的變化而自我調整、自求生存；缺點則無法確保信仰的神聖性、教化性等基本精神，而易流於功利化與世俗化。聯誼會透過組織的運作，對外糾正不當的神話傳說，對內則規範神話內容及儀式行為，不僅維護保生大帝的神格形象，亦建立信仰的基本紀律，實可為其他神祇信仰之學習典範。

六、同祀廟宇的聯誼互助

　　全國保生大帝廟宇聯誼會在促進同祀廟宇之聯誼，大致可分為會務性聯誼及廟務性聯誼兩類。會務性聯誼主要透過會員大會、委員暨監察人聯席會議、常委暨常監聯席會議等進行之。根據聯誼會章程規定：「本會每年召開會員大會一次，委員會議每四個月召開一次，由會長召集之，必要時經會長或委員半數以上要求，得召開臨時會議。」[41]因此，委員宮廟每年至少有四次的聚會聯誼，全體會員宮廟則可藉由一年一度的會員大會進行聯誼。不論是委員會或會員大會，承辦宮廟及其地方皆視之為大事，無不精心策辦，務使賓主盡歡[42]；而地方官員與民意代表也儘可能親自出席，以示重視。二〇〇四年十一月十四日，台北保安宮承

---

[41]　此一規定在二〇〇五年九月十六日所召開之聯誼會第六屆第三次委員宮暨監察人宮會議中，已通過修改為「委員會議每年召開兩次」，以避免會議過於頻繁。

[42]　如一九九八年七月，苗栗後龍慈靈宮承辦聯誼會第三屆第五次委員會，其主委魏早炳之邀請函即寫道：「我們將本著鄉下人的熱情及鄉土情懷，以此地閩客居民特有的地方菜餚為您『換肚』，並用動聽的『採茶』、『平板』等客家山歌幫您『洗耳』。」顯見承辦宮廟之熱情與用心。（見劉玉堂：《大道公傳與全國保生大帝廟宇聯誼會大事記》，頁90）

辦聯誼會第五屆第三次會員大會，特以「全台大道公廟台北大會
師」為活動主標題，並在一個月前即舉辦「御廚點召進宮獻藝總
鋪師料理大賽」，選拔出大會當天晚宴之料理主廚。大會當天安排
民俗藝棚、地方戲曲展演、民俗藝陣匯演等來歡迎全台廟宇，並
炒熱會場氣氛；晚上則在中山足球場宴請各宮廟，席開五百桌，
並搭配鼓霸樂隊及名歌手演出聯歡晚會，場面盛大熱鬧，將承辦
宮廟的熱情與用心展現無遺[43]。誠如聯誼會第四任會長陳榮欽所
指出，舉辦大會「一方面會凝聚地方信眾力量及增加軟硬體設備，
對外也會增加承辦宮廟之知名度」[44]；因此各承辦宮廟無不全力
以赴，擴大規模，而全台會員宮廟也可藉此旅遊參訪，著實促進
了各廟宇及信徒之間的情誼交流。

　　在廟務性聯誼方面，主要是聯誼會對於各會員宮廟之修建落
成、入火安座、清醮等慶典，以及主任委員交接、就職、告別式
等人事變動，都會由會長率委員宮廟前往致意，藉以聯絡感情。
廟務性聯誼除可促進感情外，也具有觀摩學習的功能，如二〇〇
三年三月，聯誼會參訪歸仁仁壽宮，對於該宮設立「網路際壇」
供國際參拜，宣揚保生大帝信仰，一致給予讚揚[45]。另外，台北
保安宮每年舉辦的「保生文化祭」活動，聯誼會也都會組團參與，
對於該宮將宗教祝聖活動與民俗藝術文化相結合，形成一種宗教
文化的新風貌，皆給予高度的肯定；尤其該宮自一九九五年起，
自行籌措經費二億六千萬元，耗時七年完成修復，成為國內首宗

---

[43] 詳見台北保安宮：《全台大道公廟台北大會師──全國保生大帝廟宇聯誼會
第六屆第二次會員大會會刊》，2004 年，頁 15-18。

[44] 屏東北勢寮保安宮：《全國保生大帝廟宇聯誼會第六屆第二次會員大會會
刊》，2006 年，頁 47。

[45] 宜蘭市新生帝王廟：《全國保生大帝廟宇聯誼會第五屆第二次會員大會會
刊》，2003 年，頁 21-22。

民間籌資主導修復古蹟的案例，並於二〇〇三年榮獲聯合國教科文組織亞太文化資產保存獎[46]，更成為其他會員宮廟觀摩學習的對象；據指出屏東北勢寮保安宮於二〇〇六年四月將具有古蹟價值的舊廟，以「千人移廟」方式加以遷移保存，即是來自台北保安宮的觀念啟發。

　　除了促進同祀廟宇的聯誼外，聯誼會也發揮互助的功能。屏東北勢寮保安宮因都市計畫拓寬，廟地全部被徵收，聯誼會於一九九二年一月出面函請內政部能准予變更為「保留區」[47]；一九九八年七月，該廟因需購地重建，再度向聯誼會求助，在聯誼會的號召下，各會員宮廟皆慷慨贊助經費，如台北保安宮捐一百萬元、樹林濟安宮捐五十萬元、宜蘭草湖玉尊宮捐三十萬元、高雄市鼓山亭捐二十萬元等，終使該廟於二〇〇五年十一月重建完成[48]。金門烈嶼保生大帝廟重建，因經費不足，求助於聯誼會；該會特於一九九九年三月組團前往參訪，並贊助八十五萬一千元[49]，將互助之手延伸到離島最前線。埔里玉衡宮通天堂於九二一震災中受損嚴重，於二〇〇〇年一月請求聯誼會協助重建，獲各會員宮廟的熱情關懷，捐輸可觀的重建基金[50]。另外，如高雄縣內門鄉紫雲宮[51]、台南縣仁德保華宮、南投縣埔里天旨宮、嘉義縣溪口鄉厝子保生宮、嘉義縣水上

---

[46]　詳見財團法人台北保安宮：《大龍峒保安宮獲聯合國教科文組織 2003 年亞太文化資產保存獎專　輯》乙書。

[47]　劉玉堂：《大道公傳與全國保生大帝廟宇聯誼會大事記》，頁 34。

[48]　屏東北勢寮保安宮：《全國保生大帝廟宇聯誼會第六屆第二次會員大會會刊》，2006 年，頁 10。

[49]　劉玉堂：《大道公傳與全國保生大帝廟宇聯誼會大事記》，頁 97。

[50]　同上註，頁 110。

[51]　同上註，頁 88。

鄉保安宮[52]、金門烈嶼鄉東林靈忠廟等[53]，皆曾求助聯誼會贊助修建經費，顯見該會確實發揮促進同祀廟宇間互助的功能。

　　現今臺灣同祀廟宇間為爭奪世俗名位而惡性競爭者，不乏其例；而保生大帝信仰能在聯誼會的組織運作下，串聯起同祀廟宇間的情誼，並發揮慈悲互助的精神，足可證「團結看大道公祖」之所言不虛。

七、結語

　　全國保生大帝廟宇聯誼會自一九九〇年正式成立，至今已有十六個年頭，雖然期間不免有對聯誼會功能質疑者[54]，亦有匿名散發黑函污衊推選人選之情事[55]，但整體而言，仍朝正面的方向發展，亦為臺灣民間信仰帶來再生的契機。

　　一九八七年政府開放兩岸宗教文化交流，可謂臺灣民間信仰發展的一大轉折。國內廟宇赴大陸謁祖尋根，原可重建同祀廟宇的倫理秩序，深化民間信仰的文化內涵；然而，當此一交流乃建立在差距懸殊的經濟基礎上，臺灣廟宇競相以暴發戶心態前往謁祖，藉此取得正統認可及增加神明的靈力，對岸也樂得以釣凱子心態周旋其間，以致謁祖尋根的文化意涵蕩然無存，只剩下金錢交換的世俗關係。反觀臺灣保生大帝廟宇能在兩岸開放之初，即成立聯誼會進行交流，不僅避免同祀廟宇間的惡性競爭，也以包容無私、不卑不亢

---

[52] 同上註，頁 98。
[53] 同上註，頁 140。
[54] 一九九七年十一月一日第三屆第二次會員大會時，曾有會員提案指出「真人曾現身託夢，信眾每年一次聯誼會，南北奔波，花費不貲，任務、目的何在？」（同上註，頁 83）
[55] 同上註，頁 172。

的態度贏得對岸的尊重，進而擴大其在兩岸及東南亞華人信仰圈的影響力，建立起保生大帝信仰的中心地位。

保生大帝為典型的祖籍神明，在臺灣民間信仰的發展上，其重要性曾一度有下降的趨勢；然而，當聯誼會於九〇年代成立之後，積極促進同祀廟宇間的情誼交流、觀摩學習與互助合作，對外糾正不當的神話傳說，對內規範儀式行為之有關內容，故能確保信仰的神聖性，同時增加與其他神明信仰的競爭力；這也是保生大帝信仰能夠擺脫祖籍神明日益窄化的困境，重新躋身於臺灣重要民間信仰的主因之一。

當然，聯誼會成立運作以來，也不免有些許待加強之處。鄭志明曾指出當前神廟發展的危機在於「人」，轉機也在於「人」，神廟如要繼續發展下去，目前最迫切需要的是人才培育[56]；但聯誼會對此項工作卻著力甚少，除了發行《真人》期刊外，也少有對保生大帝進行深入的研究，以致於難以吸引知識分子的投入，而無法深化信仰文化的內涵。另外，聯誼會對於社會公益事業的投入較少，除一九九九年的九二一震災曾發起賑災活動外，尚無較顯著的社會公益參與。事實上，個別廟宇投入此項工作者，並不在少數[57]；但誠如瞿海源的研究指出，多數寺廟從事公益、慈善及文化事業，仍偏向被動、客串、凌亂及多樣性，使力量無法長久集中的發揮[58]；實有賴聯誼會出面整合同祀廟宇的資源，有計畫的投入及參與。

---

[56] 鄭志明：〈臺灣神廟的信仰文化初探——神廟發展的危機與轉機〉，收入《寺廟與民間文化研討會論文集》（台北：行政院文化建設委員會，1995年），頁35-36。

[57] 如台北保安宮、台南縣學甲慈濟宮、歸仁仁壽宮、北門東隆宮等，皆於二〇〇五年興辦公益慈善級社會教化事業績優，而獲內政部頒贈匾額。（屏東北勢寮保安宮：《全國保生大帝廟宇聯誼會第六屆第二次會員大會會刊》，頁33）

[58] 瞿海源：《臺灣宗教變遷的社會與政治分析》，頁203。

　　二〇〇五年十一月，台北保安宮董事長廖武治接任聯誼會第五任會長，也為聯誼會帶來轉型發展的契機。台北保安宮創建於清嘉慶十年（一八〇五）[59]，與艋舺龍山寺、清水巖祖師廟合稱為台北三大廟。該廟由於位於首善之區，且為重要的信仰中心，故有較多的人才及經費投入廟務經營，展現出異於其他廟宇的創意理念及文化內涵。除了前述的「保生文化祭」及古蹟修復成為各同祀廟宇觀摩學習的對象外，台北保安宮也是少數注重人才培育的廟宇，如二〇〇六年開辦「保生道教文化學院」（二〇〇八年更名為「保生民間宗教學院」），以傳統書院與現代終身學習理念，培養道學及宮廟專業人才[60]；又舉辦「宗教信仰學術研討會」，以保生大帝信仰文化、道家醫療與養生文化、大龍峒保安宮廟埕文化等主題，鼓勵碩、博士研究生進行論文研究[61]；凡此皆有助於人才的吸納與養成。另外，台北保安宮長期投入公益慈善及社會教化事業，屢獲政府頒獎表揚，以二〇〇五年為例，該廟投入社會教育、文化建設、古蹟修復及慈善公益等經費高達四千餘萬元[62]，顯示其乃長期、主動、有計畫的參與社會公益事業。因此，過去聯誼會較為忽略的人才培育及社會公益參與，能否在廖武治擔任會長後，將台北保安宮的相關

---

[59]　台北保安宮的創建，有幾種不同的說法：相傳清乾隆七年（一七四二），渡海來台的大浪泵墾民，返回故里福建泉州府同安縣白礁鄉的慈濟宮，將守護神保生大帝乞靈分火至大龍峒，僅以木造架設簡陋廟宇奉祀，乾隆二十年（一七五五）醵資將木造搭蓋的小廟翻修為正式宮廟，歷經五年完工。另據《臺灣文化志》記載：附近同安仕紳於嘉慶十年（一八〇五）共同聚資重建保安宮，由於工程浩大，分數期興工，至道光十年（一八三〇）完工。然而保安宮三川殿龍柱落款為清嘉慶甲子年，即嘉慶九年（一八〇四），比《淡水廳志》所載還早一年。

[60]　台北保安宮：《二〇〇六保生文化祭導覽手冊》，2006 年，頁 42。

[61]　同上註，頁 4。

[62]　詳見《真人》17 期（2006 年），頁 31-33。

經驗運用在聯誼會上，進而影響全國的同祀廟宇，為保生大帝信仰帶來新的生命力，實值得吾人關注與期待。

（全國保生大帝廟宇聯誼會已於二〇〇七年十月轉型為社團法人臺灣保生大帝信仰總會，首任理事長仍為廖武治先生）

高雄市的保生大帝信仰

一、前言

保生大帝為臺灣民間信仰的重要神祇，其雖源自於福建泉州同安，以祖籍神明的型態傳入臺灣，但卻在這片土地上逐漸生根茁壯，並超越了祖籍族群，至今全台各地及澎湖、金門離島皆遍佈其廟宇，成為擁有廣大信徒的全國性信仰。

對於此一跨越台、閩兩地的重要民間信仰，大陸學界在八〇年代末掀起研究的熱潮，廈門及漳州皆成立「吳真人研究會」，並舉辦多次大規模的學術研討會，研究範圍涵蓋保生大帝的神話、醫學、廟宇、信仰發展及兩岸交流等，累積豐富且具有深度的研究成果[1]。相較於對岸而言，臺灣學界對此一研究主題明顯忽略，在有限的論文中，主要集中於台北及台南重要廟宇的探討[2]，其他地區大多未能涉及，以致尚難掌握全台保生大帝信仰的基本面貌。

---

[1] 有關大陸地區保生大帝研究現況，可參看范正義：《保生大帝信仰與閩台社會》（福州：福建人民出版社，2006 年），頁 7-14。

[2] 目前所見較具學術性的論文有黃文博：〈光復後學甲慈濟宮「上白礁」的變遷與香陣結構〉，《臺灣文獻》41 卷 1 期（1990 年），頁 153-176；黃有興：〈學甲慈濟宮與壬申年祭典紀要——兼記前董事長周大圍〉，《臺灣文獻》46 卷 4 期（1995 年），頁 103-205；戴寶村：〈淡水、三芝地區的大道公信仰〉，《台北縣立文化中心季刊》59 卷（1999 年），頁 18-31；王見川、李世偉：〈日本據台以來大龍峒保安宮概況〉，《台北文獻》直字 135 期（2001 年），頁 57-83；王郁雅：《台南市保生大帝信仰研究》（台南師範學院鄉土文化研究所碩士論文，2001 年）；黃麗芬：《保生大帝信仰文化意涵的研究

　　高雄市的保生大帝信仰起源甚早，左營慈濟宮、後勁聖雲宮、大港保安宮、新庄仔青雲宮、前鎮廣濟宮及苓雅寮鼓山亭等，皆為歷史悠久的保生大帝廟宇，在全國同祀宮廟中亦佔有重要地位；惟至今尚未有全面而深入的研究，實為可惜。因此，本文擬透過文獻分析及田野調查等方法，就高雄市的保生大帝信仰進行全面的探究，主要著重於信仰廟宇、香火緣起、廟會慶典、祭典儀式、奉祀神明、神蹟傳說等，期能指出其信仰全貌、重要特色及所面臨問題，並為臺灣保生大帝信仰的研究累積成果。

二、保生大帝信仰的起源與傳播

　　保生大帝本名吳本，字華基，號雲衷，父名通，母黃氏，福建泉州府同安縣白礁鄉人，生於北宋太宗太平興國四年（九七九）三月十五日，卒於北宋仁宗景祐三年（一○三六）五月二日，享年五十八歲。根據南宋寧宗二年（一二○九）楊志所作的青礁慈濟宮碑文，首見對吳本生前形象的描述，曰：「弱不好弄，不茹葷，長不娶，而以醫活人」；而其醫術尤獲時人之推崇肯定，曰：「枕中肘後之方，未始不數數然也，所治之疾，不旋踵而去，遠近以為神醫」。吳本死後，高超醫術仍為後人傳頌，甚至逐漸予以神化，曰：「既沒之後，靈異益著，民有瘡瘍疾疢，不謁諸醫，惟侯是求，撮鹽盂水，橫劍其前，焚香默禱，而沉疴已脫矣。」[3]此一逐漸形成的保生大帝信仰，在地方士人的積極推動下，終獲南宋王朝的肯定，敕

　　——以台南縣為例》（台南師範學院鄉土文化研究所碩士論文，2001年）。

3　楊志：〈慈濟宮碑〉，收入陳鍈等修，鄧來祚等纂：《海澄縣志・藝文志》卷22，《中國方志叢書》92號（台北：成文，1968年），頁256。

封「慈濟」廟額及「忠顯侯」、「英惠侯」等爵號[4]，並正式納入國家祭祀的體系。明、清時期，保生大帝雖未獲王朝敕封，但在地方信徒對南宋封號的重溫與新封號的偽造、士人對保生大帝形象的「儒化」及地方官府對其正統性的適度肯定下，保生大帝不僅逃過王朝打擊淫祠的衝擊，且獲得進一步的傳播與發展[5]。

在保生大帝信仰形成及發展的過程中，許多神話也隨之而生，大致可分為四類：一為吳本出生、修行、得道的神話，如「成夢懷胎」、「真人降生」、「偶遇異人」、「王母傳法」、「結廬礁山」、「白礁飛升」等。其中吳本出生相傳乃其母夜夢吞白龜之祥而有孕，分娩時則「恍見長素道人、南陵使者，偕北斗星君，護送童子至寢門內，曰是紫微神人。」[6]頗具有道教的神奇色彩。二為保生大帝行醫救人的神話，如「醫龍目」、「治虎喉」、「神方化骨」、「揭榜醫太后」、「卻癘擊魔」、「國母賜獅」等。此類神話最多，其中最有名、最富戲劇性者乃「揭榜醫太后」，相傳明成祖皇后患有乳疾，群醫束手，保生大帝化身道士求治，並於門外懸線診之，皇后疑其醫術，命奴婢將線繫於貓及門環測之，保生大帝均一一識破，終使皇后心服，順利治癒乳疾。此一神話將保生大帝的醫術表現得淋漓盡致，亦將其醫神性格徹底凸顯。三為保生大帝在醫術以外之神蹟，如「除去賊寇」、「卻賊封侯」、「跨鶴退潮」、「輸米濟急」、「露幡救駕（泥馬

---

[4]　根據范正義的考證，除「慈濟」、「忠顯侯」、「英惠侯」等三個封號出自《宋會要輯稿》，較為可信外，其他「康佑侯」、「靈護侯」、「沖應真人」、「孚惠真君」等封號未必是王朝敕封，甚至很有可能是當時信徒偽造的。（詳見氏著：〈祀典抑或淫祀：正統標籤的邊陲解讀──以明清閩台保生大帝信仰為例〉，《史學月刊》11期，2005年，頁76-77）

[5]　詳見范正義：《保生大帝信仰與閩台社會》，頁169-204。

[6]　林廷璝：〈保生大帝實錄〉，《吳真君傳》（上海：宏大善書局，1933年），頁6。

渡康王）」、「鄱陽救駕」、「除旱豐收」等[7]。其中流傳甚廣的「輸米濟急」，乃相傳宋仁宗明道元年（一○三二），吳本五十四歲時，漳、泉一帶旱災，吳本告知饑民將有米舟濟急，果然應驗；各地饑民聞之紛紛前來，其又調遣神將挽米濟之，終使廣大饑民皆能得救。四為保生大帝與其他神祇的神話，如「媽祖與大道公鬥法」、「玄天上帝借劍及保生大帝收三十六神將」等[8]。

歸納上述神話有幾個特色：（一）神話的道教化，如謂吳本醫術得到西王母的親傳、吳本去世出現「白日飛升」的現象等，顯現信徒藉正統道教豐富保生大帝傳說的企圖。（二）強調保生大帝與皇室的關係，如謂保生大帝曾助宋高宗（康王）渡黃河，並曾在鄱陽湖救明太祖脫險；又謂保生大帝曾治癒宋仁宗母后及明成祖文皇后之痼疾；藉以強化吳本受王朝敕封的正統性。（三）神力不斷的擴大，從吳本生前行醫救人的事蹟，逐漸擴大為呼風喚雨、斬奸除惡、無所不能的神祇。（四）凸顯保生大帝與媽祖、玄天上帝等神祇的關係，一方面呈現閩南地區主要神明既競爭又和諧的狀況，另方面也可看出民間信仰中眾神「擬人化」的現象。

最早奉祀保生大帝的宮廟，為南宋紹興廿一年（一一五一）所興建的白礁與青礁慈濟宮，前者稱為「西宮」，後者稱為「東宮」，同為保生大帝的祖宮。宋代以後，保生大帝信仰在漳、泉地區迅速傳播，大陸學者范正義曾根據東、西宮的進香添油帳簿，統計出今廈門一地即有三○三座宮廟；泉屬之晉江有二八五座、惠安有一七二座、南安有一二○座；漳屬的龍海有二七六座、南靖有一九五座、

---

[7] 有關各個神話內容，可參見王來興：〈保生大帝實錄〉，收入《白礁慈濟祖宮史略》（龍海：白礁慈濟宮管理委員會，2005年），頁29-34。

[8] 阮昌銳：〈保生大帝的信仰與傳統〉，收入魏淑貞編：《臺灣廟宇文化大系——保生大帝卷》（台北：自立晚報社文化出版部，1994年），頁10-11。

漳州有一六七座、長泰有一四八座、平和有一一四座；顯示保生大帝信仰在漳、泉地區的普遍與興盛[9]。另外，隨著閩南地區的商人與移民，保生大帝信仰也傳入臺灣、新加坡、印尼、馬來西亞、菲律賓及香港等地區，皆設有同祀宮廟，逐漸形成一個保生大帝的華人信仰圈。

三、臺灣保生大帝信仰的傳入與發展

　　保生大帝信仰傳入臺灣的時間甚早，有學者推斷明天啟年間（一六二一～一六二七）閩南海盜顏思齊避入臺灣諸羅北港，曾號召漳、泉無業之民三千餘人入台，保生大帝信仰極有可能在此時隨之傳入[10]；而根據文獻記載，臺灣最早奉祀保生大帝的廟宇出現於荷據時期的廣儲東里（今台南縣新化鎮）[11]，顯然亦與上述時間相去不遠。明鄭時期，保生大帝信仰獲得進一步的發展，如《重修臺灣縣志》所載：「嗣是鄭氏及諸將士皆漳、泉人，故廟祀真人甚盛。」[12]

　　清代是漢人移民來台的高峰期，李亦園曾以渡海、開拓、定居與發展等四個階段分析民間信仰的形成，而將保生大帝信仰定位在定居階段，因移民定居後須組成堅強的社群團體，以爭取土地、水利等資源，故多以同一地域所共同供奉的神祇作為團結整合之象徵，如漳州人拜開漳聖王、客家人拜義民爺，泉州同安人則拜保生

---

[9]　范正義：《保生大帝信仰與閩台社會》，頁 84。

[10]　同上註，頁 87-88。

[11]　陳文達纂輯：《臺灣縣志・雜記志九》（台北：臺灣銀行經濟研究室，1961 年），頁 213。

[12]　王必昌纂輯：《重修臺灣縣志・祠宇志六》（台北：臺灣銀行經濟研究室，1961 年），頁 179。

大帝[13]。不過,許多閩南移民在渡海階段,即多奉請原鄉神明保生大帝隨行護佑,以求海途平安[14];而抵台開拓階段,因須面對台地瘴癘瘟疫的威脅,具有醫神性格的保生大帝更成為民間信仰的重心。因此,清初臺灣的保生大帝信仰即頗為興盛,根據《重修臺灣府志》的記載,在乾隆初年的保生大帝廟有二十三座,高居民間寺廟的榜首,顯見當時保生大帝在臺灣民間信仰的重要地位[15]。

　　近廿五年來,由於經濟的發展,寺廟數目持續增加,尤其八〇年代初期,更呈現「躍昇」的現象[16]。保生大帝廟宇在這段期間也有大幅增加,一九九〇年成立全國保生大帝廟宇聯誼會,會員宮廟有二三八座[17],二〇〇六年會員名錄則已達二六〇座,顯見屬於祖籍神明的保生大帝信仰並未有逐漸減低的趨勢。尤其值得注意的是,在一九九〇年全國保生大帝廟宇聯誼會成立之後,積極推動兩岸信仰文化的交流、華人信仰網絡的建立、信仰神話及儀式的規範、同祀廟宇的聯誼互助等,皆有相當顯著的成果,因此民間亦流傳有「鬧熱看媽祖,團結看大道公祖」的說法。

　　目前在臺灣眾多保生大帝廟宇中,以台南學甲慈濟宮及台北大龍峒保安宮最負盛名。學甲慈濟宮緣起於明永曆十五年(一六六一)

---

[13] 李亦園:〈臺灣民間宗教的現代趨勢〉,《田野圖像》(台北:立緒文化,1999年),頁 288-290。

[14] 如雲林縣元長鄉鰲峯宮、台南縣歸仁鄉仁壽宮、高雄縣湖內鄉普濟宮、澎湖縣白沙鄉威靈宮等廟宇之緣起,皆因先民為求渡海平安,隨船奉祀保生大帝而來。(詳見魏淑貞編:《臺灣廟宇文化大系——保生大帝卷》,頁 24、36、60、78。)

[15] 李世偉:〈保生大帝信仰在華人地區的傳佈〉,《真人》17 期(2006 年),頁9-10。

[16] 宋光宇:〈四十年來臺灣的宗教發展〉,《宗教與社會》(台北:東大,1995年),頁 178。

[17] 劉玉堂:《大道公傳與全國保生大帝廟宇聯誼會大事記》(台南:全國保生大帝廟宇聯誼會,2002 年),頁 18。

鄭成功之軍民於學甲西方四公里處之頭前寮登陸，先民建簡屋奉祀保生大帝，因香火益盛，乃於康熙四十年（一七○一）改建宮廟，為今所公認臺灣保生大帝信仰的開基祖廟。該宮自建廟後，每年學甲十三庄民皆於登陸日的三月十一日，組成香陣前往登陸地的頭前寮「請水」謁祖，遙祭大陸白礁慈濟宮祖廟，即所謂「上白礁」。「上白礁」原僅為一區域型廟會，但在一九七七年前後尋根熱潮的挖掘報導下，逐年擴大規模而成為全國性祭典，學甲慈濟宮也一躍而為全台聞名的觀光勝地[18]。另外，一九八五年至一九九四年擔任該宮董事長的周大圍亦一關鍵人物，尤其在開放兩岸宗教文化交流之初，其以整修白礁祖廟為號召，發起成立全國保生大帝廟宇聯誼會，並以開放包容的胸襟，促進兩岸保生大帝廟宇的團結和諧與良性互動，不僅樹立學甲慈濟宮在全國保生大帝廟宇的領導地位，也為兩岸保生大帝信仰的發展奠定良好的基礎[19]。

　　台北大龍峒保安宮創建於清嘉慶十年（一八○五），與艋舺龍山寺、清水巖祖師廟合稱為台北三大廟。保安宮由於位在台北首善之區，且為重要的信仰中心，故有較多的人才及經費投入廟務經營，展現出異於其他廟宇的創意理念及文化內涵，在廟會節慶的策辦[20]、寺廟古蹟的修復、民間宗教人才的培育、公益慈善及社會教化事業的投入等，都有很好的成績。值得一提的是，台北保安宮董事長廖武治於二○○五年接任全國保生大帝廟宇聯誼會會長，期待

---

[18] 黃文博、凃順從：《學甲鎮慈濟宮》（台南：財團法人學甲慈濟宮，1996 年），頁 22-23。

[19] 有關周大圍對於兩岸保生大帝信仰的貢獻，可參見黃有興：〈學甲慈濟宮與壬申年祭典紀要──兼記前董事長周大圍〉，《臺灣文獻》46 卷 4 期（1995 年 12 月），頁 174-175。

[20] 該宮每年三月初五舉辦為期近兩月的「保生文化祭」，展現一種全新精緻的廟會文化，與學甲慈濟宮的「上白礁」同列為臺灣十大民俗祭典。（詳見《新活水》10 期，2007 年，頁 73-75）

他能將該宮的經營理念運用在聯誼會上，進而影響其他同祀廟宇，為臺灣保生大帝信仰帶來新的生命力。

四、高雄市的保生大帝信仰

（一）信仰廟宇

高雄市的保生大帝信仰起源甚早，根據康熙五十八年（一七一九）陳文達編纂的《鳳山縣志》所載：「慈濟宮：一在鳳山上莊。一在硫磺水莊。一在半屏山後。在安平鎮者三。一在興隆莊北。一在維新里竹仔港。一在觀音山大社。一在土墼埕。」[21]另根據乾隆二十九年（一七六四）王瑛曾編纂《重修鳳山縣志》所載：「慈濟宮（或稱吳真人廟、或稱開山宮、或稱保生大帝廟、或稱大道公廟，皆斯神也），在興隆莊萬丹港口。創建舊，尋圮；乾隆二十八年重修。相傳海岸上漂流神像於此，鄉民立廟祀之（又一在縣署前大街、一在興隆莊新岐鳳、一在鳳山上莊、一在半屏山後勁、一在維新里竹仔港、一在觀音山大社，並康熙年間鄉人募建。）」[22]依此可推斷康熙五十八年（一七一九）之前，在今高雄市境內的保生大帝廟有四，分別位於鳳山上莊、興隆莊北、半屏山後及硫磺水莊；而乾隆二十九年（一七六四）所調查的興隆莊新岐鳳應即是興隆莊北的廟宇，位於硫磺水莊者則已不存，增加位在縣署前大街、興隆莊萬丹港口的兩座廟宇。

---

[21]　陳文達編纂：《鳳山縣志》（台北：臺灣銀行經濟研究室，1961年），頁161。

[22]　王瑛曾編纂：《重修鳳山縣志》（台北：臺灣銀行經濟研究室，1961年），頁268。

　　又根據光緒二十一年（一八九五）盧德嘉的《鳳山縣采訪冊》所載，在今高雄市境內的保生大帝廟宇有：

> 一在鱸港莊（大竹），縣西九里，屋八間，光緒六年總理盧恭募建。
>
> 一在打鼓山麓（興隆），縣西十六里，屋八間，光緒三年黃抱修。
>
> 一在舊城內（興隆），縣西十五里，屋三間（額「慈濟宮」），道光二十八年陳瓊募修，廟租三十石。
>
> 一在桃仔園莊（興隆），縣西北十八里，屋五間，光緒十七年黃見募修。
>
> 一在後頸莊（半屏），縣西北十八里，屋四間，嘉慶二十一年董事楊儒募修。
>
> 一在外埔莊（觀音），縣北二十一里，屋一間（額「保壽宮」），光緒元年吳春盛董修。
>
> 一在田中央莊（鳳山）縣東南三里，屋十二間，（額「真君宮」），乾隆二年林晉國修，廟租二十石。
>
> 一在中林莊（鳳山），縣東南十九里，屋二間（額「鳳集宮」），光緒二年蕭返募修，廟租二十三石八斗五升。[23]

林曙光於一九八八年所撰《打狗搜神記》一書，曾就《鳳山縣采訪冊》所載祠廟進行田野調查，指出位於鱸港莊的保生大帝廟，即今火車站前的大港保安宮；位於興隆里舊城內者，即今左營蓮池潭畔的慈濟宮；位於半屏里後頸莊者，即今後勁大道公廟（聖雲宮）；位於桃仔園莊者，即今遷往新庄仔的大道公廟（青雲宮）。

---

[23]　盧德嘉：《鳳山縣采訪冊》（台北：臺灣銀行經濟研究室，1960 年），頁174-176。

另位於打鼓山麓及觀音里外埔莊者，今則已無從查尋[24]。不過，林曙光遺漏了位於鳳山里的兩座廟宇，其位置應在今高雄市的小港區，尤其「真君宮」修於乾隆二年（一七三七），建廟時間應該更早，極有可能即為《鳳山縣志》與《重修鳳山縣志》所載康熙年間建於鳳山上莊的保生大帝廟，似亦即今小港區孔宅街的真君宮[25]。

　　根據高雄市政府民政局的宗教查詢系統顯示[26]，今主祀保生大帝的廟宇有十五座，僅次於王爺廟（含千歲、元帥）的五十三座、媽祖廟的三十八座、關帝廟的十六座，在高雄市的民間信仰中佔有重要的地位。再就二〇〇六年全國保生大帝廟宇聯誼會的會員名錄來看，高雄市現有十七座會員宮廟，在臺灣二十一個縣市中排名第六，次於台南縣的六十六座、嘉義縣的二十八座、高雄縣的二十七座、台南市的二十三座、雲林縣的十九座；而值得注意的是，在聯誼會中主要決策的會長、副會長與常務委員等十六席宮廟中，高雄市即佔了五席，高達三成強，為各縣市之首[27]；凡此皆顯示高雄市在臺灣保生大帝信仰版圖上的重要地位。茲將上述民政局及聯誼會的高雄市保生大帝廟宇資料彙整如下表：

---

[24] 林曙光：《打狗搜神記》（高雄：春暉出版社，1994 年），頁 213-214。
[25] 據吳淑真調查，今小港區的真君宮建於乾隆年間，1944 年曾因風雨塌壞，香火一度中斷，於 1953 年新建，1979 年重建（見王賢德編：《高雄市寺廟文化專輯（一）道教部份》，高雄：高雄市文獻委員會，2003 年，頁 198）；就地緣及建廟年代來看，該宮似即清代方志所載者。
[26] 網址為 http://cabu.kcg.gov.tw/religion/
[27] 詳見〈全國保生大帝廟與聯誼會第六屆常務委員、常務監察人、委員、監察人、顧問及會員名錄〉，《真人》17 期（2006 年），頁 40-62。

廟宇名稱	地址	加入聯誼會
鼓山亭	苓雅區苓雅二路一三二號	常務委員
慈仁宮	鼓山區河西一路三號	常務委員
廣濟宮	前鎮區中山二路二一七號	常務委員
大港保安宮	三民區十全一路五二號	常務委員
後勁聖雲宮	楠梓區後勁東路二二號	常務委員
慈濟宮	鼓山區樹興街六三號	委員
新庄仔青雲宮	左營區新中街一三〇號	監察人
慈聖宮	苓雅區四維一路一一五號	會員
慈寶宮	苓雅區廣州二街三六號	會員
慈濟宮	左營區蓮潭路九號	會員
慈雲宮	左營區左營大路四〇一巷三八弄十九號	會員
內惟青雲宮	鼓山區建榮路一五七巷二四號	會員
沙地威靈宮	鹽埕區必忠街六四號	會員
威靈宮	鹽埕區大仁路二二〇號	會員
大港保安宮（本宮）	三民區中山一路三二五巷十六號	會員
南興宮	三民區建興路五六巷四九號	會員
真君宮	小港區孔宅街八十號	會員
高南保安宮	三民區大連街三五八號	
保仁宮	三民區鼎力路一五六之一號	

（二）香火緣起

高雄市保生大帝廟宇的香火緣起，主要可分為先民攜來、海中撈撿、本市廟宇分香及外縣市廟宇分香等四種類型。茲分述如下：

1、先民攜來

廟宇的香火直接由先民從原鄉攜帶來台，主要出現在左營慈濟宮、後勁聖雲宮等清初即已創建的廟宇。左營、後勁為高雄市最早開發的地區，明鄭時期即有軍民屯墾，先民來此地開墾定居，

亦將原鄉攜來的保生大帝香火建廟供奉，以求平安，如後勁聖雲宮沿革所記曰：「本宮啟於明末清初，開台聖王鄭氏率領營盤先民寓兵於農，拓土開墾，卻逢台地濕候，遍野瘟疫，先民有感閩地鄉神保生大帝佑民德澤，祈護黎庶，眾信築簡屋虔誠祈求。」[28]又根據鄭水萍所調查後勁各姓入墾的開基祖，絕大多數皆福建漳、泉兩地人士，其中康熙年間來台者，如劉姓開基祖劉添來自漳州南靖縣；陳姓開基祖陳大茂、陳士麟等來自漳州海澄縣（今龍海市）[29]；此皆保生大帝信仰頗為盛行的地區，自極可能攜其香火來台奉祀。

另外，前鎮戲獅甲廣濟宮亦為此一類型，據其沿革史所載：「戲獅甲廣濟宮（保生大帝）啟源於清乾隆六年（一七四一）本庄董家祖先於遷居渡台時，為求水陸平安而隨身恭奉，來台定居本庄後為董家專奉朝拜。⋯⋯際逢董家保生大帝神威顯赫、藥方劑世，拯救萬民百姓遠離瘴疾之苦，此後董家祖先為使神恩廣庇萬民，於清乾隆十一年（一七四六）獻地五分餘，再由本庄弟子眾力以茅竹搭建，並取廣道濟世之意，始名為廣濟宮。」[30]可見廣濟宮的保生大帝本為該庄董家先民攜來的族姓私佛，由於神明靈驗，吸引其他庄民的信仰，而成為庄廟的主神。這種由一姓的「私佛仔」或「祖佛仔」變成「公佛仔」的情形，可說是臺灣神明香火緣起最顯著的一個典型[31]。

[28] 後勁廟產管理委員會：《後勁聖雲宮》，1994年，頁7。

[29] 鄭水萍：《後勁大代誌》（高雄：高雄市立中正文化中心管理處，2000年），頁39。

[30] 廣濟宮：〈戲獅甲廣濟宮沿革史〉（單張），2001年。

[31] 林美容：〈媽祖信仰與地方社區——高雄縣媽祖廟的分析〉，《媽祖信仰國際學術研討會論文集》（南投：臺灣省文獻會，1997年），頁97。

2、海中撈撿

廟宇神像為居民於海中撈獲者,僅原興隆里桃仔園莊保生大帝廟一例。此一香火緣起類型最具神話色彩,相傳乃康熙年間,從大陸漂來一艘帆船,內有一尊神像,住於興隆里桃仔園莊,住民出海捕魚發現,無所關照,於附近繼續拋網作業,但收網出現奇蹟,網內無魚,僅有此尊神像,即保生大帝,於是請來建廟供奉[32]。另有一說乃鍾姓村民出海捕魚,接連撒網三次,分別撈到神像、香爐和令旗,於是安放在茅屋中供信徒膜拜。後來,神明顯靈告訴村民,祂是泉州來的保生大帝,在其保佑下,村莊日漸繁盛,於是村民乃出錢出力建廟供奉之[33]。另據內惟青雲宮執事人員的說法,乃居民出海捕魚,下網捕不到魚,卻撈到保生大帝神像,將其丟棄後,在別處下網,又撈到同尊神像,如此重複三次,乃將該尊神像奉祀於岸上草寮,從此出海捕魚多滿載而歸,於是始正式建廟供奉。上述三種說法大同小異,在清朝官方所編纂之《重修鳳山縣志》亦有相近記載,顯見此廟神像於海中撈獲之說,應甚可信。廟宇香火緣於海中撈撿而來,這種類型在媽祖廟及王爺廟中頗為常見[34],主要應與海神及王船信仰有關;但在全台保生大帝廟宇中則甚罕見,桃仔園莊出現此例,應與其位於海港的地理環境有關。

---

[32] 新庄仔青雲宮進香委員會:《新庄仔青雲宮歲次辛巳科進香程序手冊》,2005年,頁 1-2。

[33] 鍾宗憲、蕭淑芳:《保生大帝——大道公》(台北:稻田出版公司,2006 年),頁 27-29。

[34] 詳見林美容:〈媽祖信仰與地方社區——高雄縣媽祖廟的分析〉,頁 98-99;林美容:〈高雄縣王爺廟分析:兼論王爺信仰的姓氏說〉,《中央研究院民族學研究所集刊》88 期(1999 年),頁 120-121。

3、本市廟宇分香

　　所謂「分香」乃有人信奉某神明，想設立禮拜神明之場所，於是請人雕刻或選購神像，送到心目中最靈驗或最具地位的大廟，供起來接受香煙薰陶，一段時日後再擲筊迎回安座，並在大廟香爐取走一把香灰，象徵這尊神像已分得本廟之靈氣，猶如一般人家的「分家」儀式[35]。一般廟宇的香火緣起大多皆由「分香」而來，此一類型又可分從本縣市、外縣市廟宇分香兩種。高雄市的保生大帝廟從本市他廟分香而來者並不多見，主要為桃仔園莊的保生大帝廟因一九三九年日本政府將此地劃入海軍要塞，該廟神像也被迫遷移，而以擲筊方式將大祖及三祖正身、二祖副身隨住民移居新庄仔；二祖正身、大祖及三祖副身則移居內惟[36]；兩地後來分別興建「青雲宮」供奉之。因此新庄仔及內惟的青雲宮應視為自桃仔園莊的保生大帝廟分香而來，只不過母廟在分香後也隨之消失，其香火為兩個子廟所延續。

　　另外，根據大港保安宮的沿革顯示，其香火亦自桃仔園莊的保生大帝廟分香而來，於清咸豐元年（一八五一）在「大港」（今高雄火車站前）建保安宮奉祀；一九三七年又因日本政府的都市計劃，全村遷往「新大港」（今三民區安生里，高雄醫學大學附近），而於一九六二年興建新廟保安宮，但舊廟仍然保留。

　　從上述本市廟宇分香的案例，透露出兩個訊息：（1）在高雄市的發展史上，發生兩次住民的大遷移，一為桃仔園住民集體遷往新庄仔，一為大港住民集體遷往新大港；這兩次大遷移也都連帶造成

---

[35]　宋光宇：〈神壇的起源：高雄市神壇調查資料的初步分析〉，《宋光宇宗教文化論文集》（宜蘭：佛光人文社會學院，2002 年），頁 680。
[36]　新庄仔青雲宮進香委員會：《新庄仔青雲宮歲次辛巳科進香程序手冊》，2005年，頁 2。

保生大帝廟的變動，顯見住民對此一信仰的重視。（2）兩個本市廟宇分香的案例，皆由桃仔園莊的保生大帝廟所分出，顯見該廟在當時應為較靈驗、較具地位的廟宇，此亦可從《重修鳳山縣志》的特別記載中得到佐證。

4、外縣市廟宇分香

高雄市為一典型的移民城市，日治時期高雄港的開發，使其由一漁村蛻變為全台的工業重鎮，也因此吸引大量的外來人口到此就業定居；據統計外縣市移民佔本市人口的比率，從一九四六年的3.27%提升至一九九一年的 52.93%[37]，顯見外縣市移民在城市發展過程中佔有重要的地位。這些外縣市移民主要來自澎湖及台南兩地，他們移居高雄市後，往往會以分香方式，將家鄉的神明請到此地供奉，等經濟好轉之後，再共同捐資蓋廟。

在高雄市的保生大帝廟宇中，從澎湖分香而來者，有鹽埕區的威靈宮、沙地威靈宮及三民區的南高保安宮。鹽埕區為澎湖移民的主要聚集地，從澎湖分香而來的廟宇也甚多，張守真曾調查鹽埕區的十四座廟宇，從澎湖分香而來者高達九座，其中主祀保生大帝的威靈宮為一九一七年自白沙鄉後寮威靈宮分香而來，一九五〇年正式建廟；另一沙地威寧宮則由馬公井垵雞母塢（今五德里）威靈宮分香而來，一九四六年建廟[38]。另位於三民區的高南保安宮由湖西鄉南寮村保寧宮分香而來，一九四六年建廟，最初廟址位於澎湖移民聚集的新興區[39]，經多次遷移，至一九八八

[37] 葉振輝：《高雄市社會發展史‧移民篇》（高雄：高雄市文獻委員會，2004年），頁44。
[38] 張守真：〈臺灣的移墾社區與神明信仰——以哈瑪星、鹽埕埔為例〉，《高雄市立歷史博物館館刊》3期（2004年），頁36-43。
[39] 據統計一九五三年澎湖移民達高雄市總人口數的 13.1%，主要居住地區為

年始立廟現址。值得注意的是，湖西鄉南寮村保寧宮亦由白沙鄉
後寮威靈宮分香而來，據說後寮威靈宮建於明萬曆三十年（一六
〇二）[40]，年代遠較臺灣各同祀廟宇為早，顯見該廟在台、澎保
生大帝信仰中的地位。

　　高雄市的台南移民亦甚多，且與牛車夫有密切關係。一九一〇年
代淺野水泥開廠，學甲一帶牛車夫因載運水泥工作而移民前來；一九
四五年以後，高雄港整復，北門蚵寮一帶牛車夫因載運土木材料工作
而移民前來[41]。因此，高雄市保生大帝廟宇從台南分香而來者，亦多
集中在早期重要的產業設施及港區一帶，包括有：（1）鼓山慈濟宮，
日治時期郭抄由學甲慈濟宮分香而來，一九五六年建廟[42]，當地信徒
多為水泥廠員工。（2）苓雅區慈福宮，一八九八年草創於今河濱國小
處，緊鄰中都唐榮磚窯場，被稱為「乞丐寮大道公」，後來居民遷移
至五塊厝，於一九二三年建廟，並從學甲慈濟宮恭請神像奉祀[43]。（3）
鼓山區慈仁宮，原位於鹽埕區「北野町」，一九三六年信徒由學甲慈
濟宮分香而來，初以簡祠奉祀，一九八八年正式遷建於今愛河畔所在
地[44]。上述三座廟宇的創建，反映台南移民與高雄市產業發展的密切
關係；而此三座廟宇皆由學甲慈濟宮分香而來，亦顯示該廟在全台保
生大帝信仰的開基地位。

　　鼓山區佔 4.2%、鹽埕區 3.5%、旗津區 2.4%、新興區 2%。（見葉振輝：《高
　　雄市社會發展史・移民篇》，頁 45）
[40]　魏淑貞編：《臺灣廟宇文化大系——保生大帝卷》，頁 78。
[41]　葉振輝：《高雄市社會發展史・移民篇》，頁 47。
[42]　王賢德編：《高雄市寺廟文化專輯（一）道教部份》，頁 25。
[43]　詳見五塊厝慈聖宮沿革，網址 http://myweb.hinet.net/home6/newpuffy/main.htm
[44]　高雄市鼓山慈仁宮管理委員會：《慈仁宮保生大帝建成專輯》，2003 年，頁 5-6。

（三）廟會節慶與祭典儀式

　　高雄市的保生大帝廟宇祭典，主要為三月十五日的保生大帝聖誕，各廟宇皆有祝壽、誦經、演戲、繞境等廟會活動，成為地方一年一度的大事；大港有俗諺曰：「大港人儉腸礧肚，儉到三月十五」[45]，即顯示當地保安宮的聖誕祭典，甚為居民所重視，不惜縮衣節食，也要出錢參與。另外，如鼓山慈濟宮、慈仁宮、慈聖宮等廟宇，有時也會藉聖誕回學甲慈濟宮謁祖進香，並參與「上白礁」；而新庄仔青雲宮也曾於聖誕前往故里桃仔園海灘進香。

　　除了共有的聖誕祭典外，各廟宇也有獨特的廟會節慶與祭典儀式。左營有一俗諺曰：「店仔頂豬，埤仔頭戲，大廟孝牲禮，大道公蕹菜把」，乃在描寫當地普渡實況，慈德宮俗稱店仔頂廟，多宰豬公供祭；埤仔頭廟為舊城拱辰門前土地公廟，普渡演戲多棚；大廟為元帝廟，多孝敬牲禮；大道公廟即為慈濟宮，則以蕹菜把致祭[46]。慈濟宮此一獨特的普渡儀式，相傳乃廟中供奉的保生大帝曾顯靈教民眾食蕹菜充飢，並解除瘟疫之害，故其後每年普渡信徒皆以蕹菜把（連根的空心菜）致祭。除此之外，慈濟宮尚在普渡製作「大道公蕹菜平安茶」，用剁碎蕹菜加水、蜂蜜攪拌而成，再由道士作法求取金丹，連同焚燒的平安符一起加入蕹菜茶中，分送信徒飲用[47]。另外，自二〇〇一年起舉辦的「左營萬年季」，活動重頭戲「迎火獅」也是源於慈濟宮的「放火獅」，相傳火獅乃保生大帝坐騎「黑虎將軍」，燃放火獅猶如放蜂炮，具有祛除邪魔、消除瘴癘的作用；而「左

[45] 林曙光：《打狗搜神記》，頁61。
[46] 林曙光：《打狗歲時記稿》（高雄：高雄市文獻委員會，1995年），頁44-45。
[47] 林淑娟：〈「大道公蕹菜把」側記〉，收入《打狗歲時記稿》，頁45-46。

營萬年季」為擴大聚落廟宇的參與,將「放火獅」改為「迎火獅」,
也逐漸成為高雄市具有特色的節慶活動。

以聖雲宮為首的後勁四大公廟[48],一九四五年合組廟會組織
「甘尾會」[49],在每年正月十三日舉辦遶平安境活動,並有連續數
天的乞求平安龜及酬謝平安戲(甘尾戲),亦為地方年節的一大盛
事。後勁地區尚保存完整的陣頭,尤其老宋江、女宋江、虎陣更是
難得一見,為廟會中最受注目的焦點。二〇〇〇年在中央與地方政
府的支持協助下,「甘尾會」曾擴大為全市性的節慶,當時也成立
全國第一個社區博物館——後勁文物館,至今仍為認識後勁歷史文
化的最佳視窗。

前鎮廣濟宮所在的舊地名為「戲獅甲」,據說該庄信徒為配合
廟會慶典,曾先後組成宋江陣,其陣前則有一青頭獅,每逢遶境南
打狗之苓雅寮(頂寮、下寮)、過田仔、林德官、五塊厝、籬仔內、
崗山仔、前鎮、草衙、沙仔地(佛公)等十三庄頭,該庄的宋江氣
勢及舞獅技藝皆無人可及,而有「戲獅甲等」之美譽;又因地名忌
諱四字數,而稱為「戲獅甲」。近年來,廣濟宮積極推動戲獅藝術,
並贊助當地學校訓練獅陣,二〇〇六年在中央與地方政府支持下,
擴大舉辦「戲獅甲藝術節」,也成為具有地方特色的節慶活動。

除了上述熱鬧的廟會節慶外,尚值得注意的有鼓山慈仁宮,其
一樓大殿供奉保生大帝,四樓則為供奉西方三聖的佛祖殿,故其祭

---

[48] 後勁四大公廟除聖雲宮外,尚有鳳屏宮(神農大帝)、福德祠(土地公)及
萬應公廟,廟產為祭祀公業,現由後勁廟產委員會所管轄,凡設籍後勁居
民皆享有信徒之認可權利與義務。(見後勁廟產管理委員會:《後勁聖雲
宮》,頁27)

[49] 所謂「甘尾」有二說,一為「倒吃甘蔗、苦盡甘來」之意,期許農作豐收
「好年冬」;二為廟會祭典結束後,居民可平安的分享「菜尾」。(見高雄市
立中正文化中心管理處:《後勁甘尾會》,2000年,頁24)

典儀式有道教的建醮大典、佛教的誦經法會及儒教的鸞日降旨[50]，呈現出民間信仰融合儒、釋、道三教精神的特徵，也與保生大帝信仰為儒、釋、道三教所滲透的文化現象相呼應[51]。另外，今高雄市大多數的保生大帝廟宇仍維持有求藥籤的儀式，尤其高南保安宮的藥籤尚區分眼科、小兒科、外科等科別，顯見即使在醫學發達的今日，保生大帝的高明醫術仍為信徒所倚賴。

（四）奉祀神明與神蹟傳說

在高雄市的保生大帝廟宇中，雖皆以保生大帝為奉祀主神，但如新庄仔青雲宮、內惟青雲宮、苓雅寮鼓山亭等，尚同時奉祀保生二帝（天醫大帝）孫思邈及保生三帝（感天大帝）許遜。會出現此三神同祀的現象，乃因宋代以後，保生大帝信仰逐漸道教化，而與一些道教人物相附會，如許遜為東晉道士，傳說曾殺蛟斬蛇，為民除害，去世時出現「白日飛升」；孫思邈為唐代道士，精通醫藥，相傳曾「醫治虎喉」、「一針救二命」；後來這些神話都移植到吳本名下[52]，故閩、台一帶不少宮廟也將吳、孫、許三真人的神像同時奉祀。

較為特殊的是前鎮廣濟宮，乃中壇元帥、池府千歲與保生大帝同祀。根據廣濟宮沿革史所述，該宮在乾隆十一年（一七四六）初建時，僅奉祀保生大帝，至光緒十五年（一八八九）重修時，始將中壇元帥及池府千歲一併列入奉祀。不過，根據盧德嘉《鳳山縣采訪冊》所載：「太子廟（額『廣濟宮』），在戲獅甲莊（大竹），縣西南八

---

[50] 詳見高雄市鼓山慈仁宮管理委員會：《慈仁宮保生大帝建成專輯》，頁29-62。

[51] 有關歷史上保生大帝信仰為儒、釋、道三教所滲透的文化現象與發展過程，可參看吳幼雄：〈吳真人信仰的文化現象〉，《真人》9 期（1998 年），頁 33-39。

[52] 范正義：《保生大帝信仰與閩台社會》，頁 51-53。

里，屋八間，乾隆二十五年董大章募建，光緒十五年陳賢重建。」[53]此處卻將廣濟宮列入太子廟，其原因何在？據該宮沿革史所記：「本宮廟柱亦有一聯記述『當年赴駕凌波上渡中洲指點無根草』；相傳當時為採藥濟世，本宮中壇元帥陽乩部下將（乩童）踩水面過中洲（現旗津地區）取無根草，其神蹟令人稱奇，一時之間信徒激增，香火鼎盛，整個大高雄地區無人不知、無人不曉。」[54]依此推斷可能因該宮中壇元帥曾藉乩童顯現神蹟，而為信徒所傳頌，故盧德嘉在采訪時，亦將之列為太子廟。

　　另在陪祀神明方面，相傳保生大帝曾解救一隻被人骨哽喉的黑色猛虎，黑虎從此改邪歸正，並自願擔任保生大帝的坐騎，最後得道升天，被尊稱為「黑虎將軍」。一般保生大帝廟皆在神案下供奉「黑虎將軍」，高雄市亦不例外，新庄仔青雲宮則將其供奉於神像之前，較為特殊。此外，高雄市的保生大帝廟宇多陪祀福德正神與註生娘娘，此隱含民間傳統的「生／死」生命觀與「陰／陽」宇宙觀。李亦園曾指出功利主義的氾濫為臺灣民間宗教發展的趨勢之一，此表現在民間信仰廟宇中所崇拜的神靈有逐漸增加的現象[55]。此一現象也見諸於高雄市的保生大帝廟宇，以苓雅寮鼓山亭為例，除主祀吳、孫、許三真人外，尚奉祀玉皇上帝、福德正神、伍文昌帝君、五路武財神、註生娘娘、地官大帝、太歲星君、廣澤尊王、中壇元帥、觀世音菩薩、水官大帝等神明，此一方面可提供信徒更多的需求滿足，另一方面也是廟宇經濟的重要來源。

　　值得一提的是，高雄市的保生大帝廟宇並未有合祀或陪祀媽祖者，此並非受「媽祖與大道公鬥法」的傳說影響，而是兩尊神明之

---

[53]　盧德嘉：《鳳山縣采訪冊》，頁 184。

[54]　廣濟宮：〈戲獅甲廣濟宮沿革史〉（單張），2001 年。

[55]　李亦園：〈臺灣民間宗教的現代趨勢〉，《田野圖像》，頁 296-298。

神格俱高，且在臺灣皆為重要的民間信仰，故多分別立廟主祀。事實上，如苓雅寮上寮的鼓山亭，其廟方會率信眾向下寮安瀾宮的媽祖祝壽，安瀾宮廟方也會熱情接待，顯見兩尊神明的廟宇及信徒並不會因有此傳說而心存芥蒂。

民間信仰基本的特徵之一是強調靈驗性[56]，此一靈驗性常表現在神明的神蹟之中。高雄市廟宇所奉祀的保生大帝或多或少都有神蹟傳說，如鼓山慈仁宮沿革載其保生大帝的神蹟，謂一九四三年霍亂流行，死亡人數遽增，惟飲過大帝玉敕符水之信眾，皆能安然無恙；一九四六年北野町發生火災，大帝於火災前指示眾弟子，以其符令，用一碗清水置於自家屋頂，終能免於回祿之災[57]。

神明的神蹟展現，往往需透過靈媒，廣義的靈媒指可與神靈溝通者，如道士、法師、通仔、三才和乩童皆屬之；狹義的靈媒則指神靈的代言人，如民間常見的尪姨與乩童[58]。高雄市的保生大帝廟宇仍有部份保有乩童靈媒，最有名的是後勁聖雲宮曾出現一位全國最老的乩童——車公仔，其本名柯會，生於民國前七年（一九〇五），三十四歲為神明所附身，開啟其為「老祖」（後勁居民對聖雲宮保生大帝的尊稱）代言的生涯。二次大戰期間，因後勁緊鄰日本海軍第六燃料廠，成了美軍空襲的目標，當時居民紛紛避難逃離，「老祖」則藉車公仔指示：「疏險有難，眾聚祐之以靈」，眾信遵奉神旨，終能化險為夷。另在二二八事件期間，後勁地區的知識份子一度要包圍為國民政府所接收的中油煉油廠，「老祖」亦透過車公

[56] 瞿海源：《臺灣宗教變遷的社會與政治分析》（台北：桂冠，1997 年），頁143。
[57] 高雄市鼓山慈仁宮管理委員會：《慈仁宮保生大帝建成專輯》，頁 5。
[58] 黃文博：《臺灣民間信仰與儀式》（台北：常民文化，2002 年），頁 93。

仔指示不可,因而未釀成嚴重的衝突[59]。車公仔於二〇〇四年以百歲高齡仙逝,至今「老祖」仍未指定新的代言人。

五、結語

　　從宋代到今天,保生大帝信仰流傳了近千年,也由福建同安擴散至臺灣的每一個角落,不僅成為臺灣最重要的民間信仰之一,也展現出異於原鄉的獨特信仰面貌。

　　高雄市為臺灣最早開發的區域之一,保生大帝的信仰亦發源甚早,在康熙年間境內即有四座廟宇,發展至今則有十九座,不論與本市其他神廟或全國同祀廟宇相較,皆是名列前茅,且居重要地位。這些廟宇或由原鄉攜來香火,或於海中撈得神像,或為他廟分香而來,都與城市的地理環境與發展歷史緊密結合,也見證了住民遷移與外來移民的足跡。

　　然就整體而言,高雄市的保生大帝廟宇仍有不少可進步的空間。以廟會節慶為例,雖然部分廟宇也在積極創造特色,但比起學甲慈濟宮的「上白礁」與台北保安宮的「保生文化祭」,仍有不小的差距。其實,所有的廟會慶典都是在紀念開發史上共同的歷史記憶,既具有本土信仰習俗的生命關懷,也是蘊含人文精神的社會活動;如何「鬧」得有理、「拼」得帶勁,才是廟會慶典成功與否的關鍵[60]。學甲慈濟宮的開基地位,加上返白礁謁祖的象徵意義,自然使具有三百年歷史的「上白礁」成為最重要的保生大帝祭典;「保

---

[59] 詳見後勁廟產管理委員會:《後勁聖雲宮》及後勁國小「後勁百歲乩童——車公仔」網頁,網址 為 http://www.hjes.kh.edu.tw/person/yu0928/myweb5/

[60] 李豐楙:〈既是人傑,也是神靈——民俗祭典在現代臺灣的意義〉,《新活水》10 期(2007 年),頁 36。

生文化祭」雖然為新興的祭典活動，但在專業的策劃與包裝下，以民俗陣頭與家姓戲為核心，搭配各類文化藝術展演活動，也在短短十二年間打響名號，創造出精緻的都會型廟會文化。因此，要創造成功的廟會慶典，是需要歷史的長期積累，並配合專業的論述與執行，絕非「炒短線」或「搞噱頭」者所能為之。

　　再進一步來看，高雄市的保生大帝廟宇也與其他神廟一樣，都面臨到「人」的問題。從筆者實際與廟宇接觸的經驗來看，絕大多數的執事人員都有年紀老化及專業知識不足的問題，以這樣的人力品質如何去創造有深度的廟會慶典，又如何引領信眾進入保生大帝信仰的文化內涵中？因此，培育專業的廟宇人才不僅是當務之急，也關係未來保生大帝信仰的長遠發展；台北保安宮已正視到這個問題，並跨出人才培育的第一步，同為都會型的高雄市是否也能跟進，為保生大帝信仰注入新的活力，值得吾人深切期待。

半屏山下的石公、石婆信仰

　　自古以來，石頭即為許多民族的重要信仰，也留有豐富的神話傳說。以中國而言，石頭是守護大地的「社主」，也是農耕、乞雨的聖物，並具有神秘的生殖、醫藥的力量及生命回歸、盟約的象徵；另外亦流傳有女媧、禹王、石敢當、石頭公、望夫石、石尤風等各種神話傳說，[1]為俯拾皆是的石頭增添幾許神奇浪漫的色彩。

　　在臺灣有關石頭的信仰與傳說也頗為常見，早在清領時期即有正式的奉祀廟宇及祭祀活動。根據一九三三年日人鈴木清一郎所著的《臺灣舊慣冠婚葬祭と年中行事》記載有五例：（一）員林鎮奉祀的石佛公，相傳是當地八堡圳支流，淹死一個小男孩，從此經常出現幽靈，附近居民乃在此堆石鎮壓，後來石堆上常發出火光，人們以為神靈，乃建廟奉祀。（二）南投茄冬腳的石頭公廟，相傳是因小孩在公埔圓潭仔中撈起一塊怪石，好玩作了個小屋來祭祀，不料卻有個小孩像乩童一般神靈附體，父老以為神明，乃在此建廟供奉，對於保佑小兒發育很有靈驗。（三）宜蘭羅東的大佰爺廟，相傳是當地農民上山砍柴途中，發現有一塊石頭無由在動，因迷信而不敢上山，正好當天附近發生番害，故逃過一劫。眾人以為神靈，乃將石頭搬到路旁供上山的人祭拜，後來建造石廟。（四）宜蘭冬山鄉的石聖宮，相傳有一農夫耕田時，發現一塊一立方的大石頭，乃將其推入公埔池中，但隔天卻又恢復原位。如此一連三次，眾人

---

[1]　詳見王孝廉：《中國的神話世界》下冊（台北：時報文化出版公司，1987年），頁 655-705。

以為神奇，參拜者絡繹不絕，對於婦女生產及小兒生病很有靈驗。
（五）台中神岡鄉的振興祠，相傳乃有人在大甲溪河原牧牛，發現
兩塊人形自然石，就搭了茅祠供奉。後來因為靈驗，參拜者漸多，
乃有人捐款改建廟宇。[2]

　　由上述的案例可知，石頭崇拜雖然流傳久遠，但並不表示任何
石頭都可以成為崇拜的對象，它必定具有某些特殊的原因，或因為
形狀怪異特殊，或曾經發生靈異奇蹟，而被賦予一般石頭所沒有的
神性，才會為人所祭拜。[3]石頭被祭拜後，能否正式建廟或香火是
否興旺，則取決於該石頭是否持續的靈驗。

　　在高雄市的半屏山麓有座「顯靈殿」，由於位在東南水泥廠區
內，除其內部員工及少數左楠地區人士外，所知者並不多。從該廟
的建築外觀及奉祀神明來看，與一般的神廟無異，但它卻是一座石
頭崇拜的廟宇，而且流傳有一段傳奇的事蹟：[4]

　　早年在半屏山上有兩塊巨大的石灰石，高約六至七公尺，寬約
五公尺，厚約一至二公尺半，石身成藏青色，色澤美麗，當地居民
都稱為「石公」、「石婆」，如對其喊話，也都會有回音。相傳有牧
童對其做出不敬行為，返家即感不適，大人帶其回石頭前焚香禱
告，馬上不藥而癒。

---

[2]　高賢治、馮作民編譯：《臺灣舊慣習俗信仰》（台北：眾文圖書公司，1981
　　年），頁 323-324、328-329、363、459-460、491。

[3]　關於此一現象，芝加哥宗教學派耶立阿得（Mircea Eliade）認為某些東西
　　之所以會被人們賦予神性，乃因它自己顯現它的「不同凡響」，此即為「聖
　　顯」（hierophany）。（參見游謙：〈聖顯與臺灣的石頭崇拜〉，《新世紀宗教研
　　究》2 卷 3 期，2004 年，頁 115）

[4]　此一事蹟主要參考吳新德：〈半屏山麓顯靈殿——石公、石婆，德被生民、
　　威靈顯赫〉，收入《陳江章先生紀念集》（高雄：東南文化基金會，1999 年），
　　頁 216-217。另有部分根據東南水泥公司楊天福、柯再發兩位先生口述訪談
　　而來。

日治時期，「石公」、「石婆」正位在海軍煉油廠半屏山採石場的道路中央，曾有日籍工程師奉軍部之命，欲鑽孔埋入火藥將其炸掉，但卻屢次失敗，甚至炸傷工人，只得將其保留下來。

直至一九六〇年，東南水泥公司進行第二期擴建工程，「石公」、「石婆」正位在建廠用地內，採石工人曾試圖用炸藥將其炸開，但卻始終炸不開。廠方於是擺設香案祭拜，並向「石公」、「石婆」請示溝通，如能讓出寶座基地，將為其建廟，以供萬人膜拜。經連擲三聖筊應允後，果然成功炸開巨石，建廠工程也順利進行。

廠方為實現承諾，乃象徵性撿拾兩塊炸下的石頭，蓋了一間小廟，虔誠供奉。除了廠方員工外，左楠地區居民也會前來祭拜。一九六一年六月四日，半屏山發生山崩，傾洩而下的土石竟拐個彎繞過廠房，讓廠方逃過一劫，眾人都歸功於「石公」、「石婆」的庇祐。

一九七〇年初，東南水泥廠方為表示對「石公」、「石婆」的尊敬，決定為其雕刻金身，並將「石公」正名為青山巖大帝，聖誕為農曆元月五日；「石婆」正名為天上聖母，聖誕為農曆三月二十二日。一九七七年，廠方禮聘名家設計興建「顯靈殿」；一九七九年落成後，恭請兩尊神明入殿供奉，另亦奉祀從木柵仙公廟分靈而來的孚佑帝君，及從澎湖分靈而來的真武大帝與關天師等神明，並設有內外五營，外五營分布於廠區五方，內五營則設置三十六官將頭。

直至今日，每逢正月五日「石公」聖誕，東南水泥公司都會由董事長帶領全體員工，在「顯靈殿」舉行團拜及開工典禮。三月二十二日「石婆」的聖誕，也會舉行遶境、安五營的儀式。「顯靈殿」已成為東南水泥員工的信仰中心，「石公」與「石婆」也陪該公司走過近五十年的歲月。

從「石公」與「石婆」的信仰歷程來看，大致可分為三個階段。第一階段是「擬人化傳說」時期，主要因兩塊巨石的體積龐大、顏

色特殊，又位在半屏山的重要路口，因此吸引往來民眾的談論與想像，而被稱為「石公」與「石婆」，並附會一些神奇的傳說，但尚未賦予神性。第二階段是「石頭崇拜」時期，主要因東南水泥公司多次炸石失敗，在與巨石祭拜溝通後，連擲三個聖筊，並順利將其炸開，這一連串難以解釋的奇蹟，終使其被賦予神性，而成為崇拜的對象。此一時期以一間小廟，供奉兩塊象徵性的石頭，屬於「陰廟」形式。第三階段為「神明信仰」時期，主要因「石公」與「石婆」的庇祐，使廠方逃過半屏山的山崩災害，加上公司業績蒸蒸日上，[5]因此為二神雕刻金身，提升神格為青山巖大帝與天上聖母，並興建「顯靈殿」正式奉祀，從原來的「陰廟」變為「陽廟」。

　　因此，在半屏山的「石公」與「石婆」身上，吾人看見臺灣石頭，也是所有自然物信仰的幾個特質：特殊的外形及所在位置是石頭是否被崇拜的先決條件；奇蹟的出現是賦予石頭神性的關鍵因素；持續的靈驗則是石頭從自然物崇拜提升為神明信仰的重要原因。

---

[5]　東南水泥公司自供奉「石公」與「石婆」至興建「顯靈殿」期間，除水泥本業快速成長外，另亦創設東南造紙公司、東南地基公司及聯邦木業公司，企業版圖擴張迅速。（同上註，頁231）

易牙祭與君臣宴

一、前言

　　傳統社會的各行各業皆有其行業神，如農業祭祀神農氏；紡織業祭祀黃道婆、織女；漁業祭祀伏羲、海龍王、姜子牙；紙業祭祀蔡倫；筆業祭祀蒙恬；酒業祭祀杜康；工匠業祭祀魯班等；故民間流傳有「三百六十行，無祖不立」、「人各有業，業各有祀」等俗諺。這些行業神大多是發明、開創或振興本業的祖師爺，後來的從業者感念其功德，將其奉祀為神明，體現先民報本反始、崇德報功的宗教精神。

　　然而，隨著社會現代化的發展，產業日益科技化，職業分工亦日趨細密，傳統的行業神祭祀正逐漸式微，連帶使其飲水思源的涵意，與凝聚同業情感、建立行業規範的功能亦隨之流失，殊為可惜。職是之故，本文擬介紹位於高雄市前鎮區的易牙廟，在每年農曆六月二十八日皆會舉行盛大的易牙祭活動，用以祭祀廚藝業的祖師爺——易牙。在此一活動中，除可看見傳統行業神的現代祭祀，喚起今人對行業神的重視外；尚有難得一見的「君臣宴」儀式，可藉以一窺古代的飲宴禮制，深具保存的價值。

二、廚藝業的祖師爺——易牙

　　自古以來，被廚師奉為祖師爺的有彭祖、伊尹、易牙、詹王等人，其中以易牙流傳最廣。根據史書的記載，易牙又名雍巫、狄牙，

春秋時代齊國的名廚，為滿足齊桓公的口腹之欲，曾「蒸其子首而進之」(《韓非子‧二柄》)，而深得寵信。齊國賢臣管仲病重，齊桓公問誰可繼承其地位時，曾提及易牙，但為管仲所反對曰：「夫人情莫不愛其子，今弗愛其子，安能愛君？」(《韓非子‧難一》) 果然在管仲死後，易牙逐漸得勢，並在齊桓公病危時，發動政變，擁立公子無虧為君，造成「桓公尸在床上六十七日，尸蟲出於戶」(《史記‧齊太公世家》) 的悲劇。

易牙雖在政治上有「殺子以適君」的負面評價，但在廚藝上卻廣為推崇，孔子曾曰：「淄澠之合，易牙嘗而知之」(《列子‧說符》)；孟子曰：「至於味，天下期於易牙」(《孟子‧告子上》)；王充亦曰：「狄牙之調味也，酸則沃之以水，淡則加之以鹹，水火相變易，故膳無鹹淡之失也。」(《論衡‧譴告》) 顯見易牙具有敏銳的味覺，在調味及廚技上確有獨到之處，故不因失德亂政而減損其地位。

易牙的廚藝在後世源遠流長，相傳其政變失敗後，避居彭城（今徐州）操烹飪業以終，故當地歷代都有以易牙命名的菜館；而易牙首創把烹飪與醫療結合起來的食物療養菜，也在徐州廣為流傳。易牙與齊國、徐州的淵源，也使其留名於中國的飲食文化中，如四大菜系的魯菜與江蘇菜系的揚邦菜，皆與易牙有所關聯；山東名菜「魚腹藏羊肉」，相傳即其所創，也是國字「鮮」的由來。另外，後人撰寫食經，也常託名易牙，如元明之際的韓奕曾著《易牙遺意》一書，內容涵蓋醯造、脯鮓、蔬菜、湯餅、齋食、果實、籠造等類的料理方法；明代周履靖又加入荔枝湯、烏梅湯、杏膩湯等作法，而成《續易牙遺意》一書；凡此皆顯示廚藝界對易牙祖師的尊崇[1]。

---

[1] 詳見孫開泰、陳陣、呂華僑，〈易牙本傳與其傳說〉《管子學刊》3 期（2001年），頁 75-76。

三、易牙祭的起源與發展

　　根據高雄市易牙廚藝學會理事長章啟東表示，臺灣最早的易牙廟創始於其祖父章棟楹，他在一九三一年遷居高雄市，並在鹽埕區開設便利食堂，當時即以紅紙書寫「易牙祖師神位」，貼在廚房奉祀，生意亦蒸蒸日上。一九四九年食堂遷至大港埔，並增設辦桌宴席，靠行辦桌的廚師及廚工高達一百多人。後來有幾位廚師感念易牙對廚藝業的開創之功，認為應正式供奉祖師爺，乃委請佛俱店雕刻神像，由章棟楹提供安座處所，經法師開光點眼後，供眾廚師祭拜，並擲筊選定農曆六月廿八日為聖誕日。當時眾廚師訂下入行行規，凡靠行辦桌廚師，皆須繳費加入「易牙祖師會」，並於聖誕日煮菜祭拜祖師爺；如有老廚師過世，則將其姓名寫於捲軸，一併於祖師聖誕祭拜，稱為「先緣」。

　　早期易牙祖師的聖誕，除由廚師烹煮菜餚祭祀外，現場尚有蔬果雕花及捏麵人表演，並聘請南管、八音、歌仔戲、布袋戲等演出酬神。晚上則由爐主辦桌宴請眾廚師，再於神壇前擲筊選出明年的爐主與頭家。當時尚有一規定，廚師娶妻須先祭拜祖師爺，如果生出兒子，則須在翌年聖誕用大量的紅龜、紅圓來酬神，祭拜後再送給眾廚師分享喜氣。後來此一祭祀活動逐漸形成特色，各地廚師、飯館、食堂、小吃店紛紛加入，而成為高雄廚藝界的一大盛事。

　　一九七四年章棟楹過世，其子章銘勝接手辦桌生意，客源絡繹不絕。一九七四年有感於易牙祖師的庇祐，乃擇定今前鎮區草衙的現址，作為易牙廟的固定所在地，並公開供外界參拜。一九九七年章銘勝為進一步發揚易牙祖師精神，提供餐飲科系學生切磋廚藝的空間，乃成立高雄市易牙廚藝學會，並舉辦第一屆的易牙祭活動，

至二〇〇七年已辦理十屆。易牙祭的規模逐年擴大,除祭祀重頭戲
「君臣宴」外,尚有全國性的廚師及學生的廚藝、食雕、蛋糕創作、
調酒等競賽,及名廚菜餚展示、飲食須知書法比賽、易牙扇題字、
美食品嚐、國樂演奏、易牙宴等。易牙祭也受到高雄市政府的重視,
成為推廣觀光及美食文化的重要活動;而參與協辦單位更將近上百
個,涵蓋全國各地的餐飲相關團體及學校,亦已成為廚藝界每年一
度的盛會。

　　從易牙祭的發展過程來看,其本為章棟樑個人食堂的信仰,後
來擴展為靠行辦桌廚師的行規,再成為全國各界參與的美食文化活
動,實為臺灣民間信仰發展的縮影。在臺灣許多神明香火的緣起,
最初都是屬於一姓或一家的「私佛仔」,後來因為神明靈驗,吸引
其他人參拜,再建廟成為地方社群的「公佛仔」;如其祭祀儀式具
有規模或特色,政府部門會再加入文化及觀光資源,而成為縣市或
全國性的民俗節慶活動。章棟樑祖孫三代因易牙祖師的庇祐,使其
生意興隆,而能秉持著「不忘本」精神,不僅設立易牙廟,並且辦
理盛大的易牙祭活動,讓更多人認識到易牙祖師爺,也藉以凝聚廚
藝界的情感、培養更多的廚藝人才,實體現了行業神信仰的意義與
價值。

四、君臣宴的儀式流程與文化意涵

　　君臣宴為易牙祭的重頭戲,透過繁複的古禮儀式來表達對易牙
祖師的崇敬之意。中國自古即重視飲宴禮儀,周公曾制定「鄉飲酒
禮」、「大射禮」、「婚禮」、「公食大夫禮」及「燕禮」等,並且立為
國家的禮儀制度,如《禮記‧樂記》曰:「鋪筵席、陳尊俎、列籩
豆,以升降為禮者,禮之末節也。」此即將筵席、盛器、食物及禮

儀結合起來宴客的寫照；另在飲宴時也會有鐘鼓奏樂、仕女獻舞，如《詩經・伐木》中所描寫「坎坎鼓我，蹲蹲舞我」的場景[2]。

中國歷史上流傳最為久遠的飲宴活動為「鄉飲酒」，主要由地方官員舉辦，具有宣揚禮教與團結地方士紳的政治意義。「鄉飲酒」有多種類型，清代地方官員設宴款待鄉試中式的舉人與主考官，即為其中一類，因其宴會中須演奏〈鹿鳴〉一曲，故亦稱為「鹿鳴宴」。「鄉飲酒」有固定的儀式，不僅個人的進出次序、座位方向、膳饌種類、擺宴方式皆有嚴格規定，就連說話的時機與內容亦有一定規矩，充分表現出古代社會尊卑長幼的差次格局。

現代社會幾乎已看不到此一飲宴禮儀，但在臺灣民間信仰的宴神習俗中，仍保存部份儀式，最具代表性的是民間王醮中的「宴王」。「宴王」是在聖城內（廟內或王府內）舉行，由地方頭人入內獻祭，祭畢之供獻品亦由頭人分食，稱為「分福」；一般信眾則只能在廟外祭拜，顯示出神明與兩者之間的親疏關係。祭拜王爺以「滿漢全席」為主，要求水陸俱備、山珍海味，此即資於事人以事神，用宴請「代天（帝、子）巡狩」的王爺之禮，擺設最佳獻品，其菜品不僅多品，且名稱皆經過雅化，並有神樂團伴奏漢樂，氣氛優雅悠閒，為農業時代最隆重的祀神宴[3]。

易牙祭中的君臣宴，亦為祀神宴的一種，只是更接近古代「鹿鳴宴」的禮制。祀神宴分為「軟宴」與「硬宴」，前者有專人伺候，依序慢慢上菜；後者則一次上完全部菜餚，再上香開宴。君臣宴屬於「軟宴」，據章啟東理事長表示，此乃古代皇帝用來宴請新科狀元、榜眼、探花，故又名「狀元菜」。祭祀流程為主祭官先在廟內

---

[2]　王明德、王子輝，《中國古代飲食》，台北：博遠出版，1989年，頁150-151。
[3]　李豐楙，〈祀神宴之習俗〉，收入《第三屆中國飲食文化學術研討會論文集》（台北：中國飲食文化基金會，1994年），頁417。

為易牙祖師穿上官服，戴上官帽，象徵加官進爵；再由禮生以雙手
捧請易牙主神、陪賓神及其他貴賓神進入君臣宴會場。會場上桌掛
有易牙祖師的畫像，並備有香爐、鮮花、素果、山珍海味（糖、薑、
鹽、豆）等祭品，兩側掛有「天羅」（勺子）及「地網」（漏勺），
象徵萬物下鍋皆無所遁逃。下桌則依貴賓神的數量擺設餐具，每份
餐具包括有碗、盤子、筷子、筷架、湯匙、酒杯、茶杯、香菸、煙
斗、打火機、扇子、手帕等，其中手帕是給神明擦嘴用，傳說祀宴
過的手帕有為小孩「收口水」的功能；而扇子則為神明搧風之用，
傳說民眾用祀宴過的扇子搧風，可去除霉氣，平順心情。會場周圍
掛有六丁六甲的天兵天將圖，即十二生肖所化身的神將，據說是在
宮廷內負責保護皇帝的安全。

　　眾神明入席安座後，先由主祭官獻香、鮮花、茶、素果、壽麵、
壽酒等，禮成後再依序上菜。漢席菜品分為八大官餚、八小佳餚，
尾道為甜品，統稱為「八大八小」。每一道官餚以閩南語發音，皆
有其象徵的涵義，如君（豬筋，君王之意）、臣（豬心，臣子之意）、
宴（燕窩，筵席之意）、封（豬肉，冊封之意）、官（豬肝，當官之
意）、路（豬肚，開路之意）、街（全雞，狀元遊街之意）、戲（全
魚，返鄉祭祖演大戲之意）。上菜流程如下：第一回「君」→奏三
通鼓→陪祭官呈上官餚「群仙祝壽」→禮生呈上○○酒→禮生呈上
○○茶→三通鼓停→奏聖樂→陪祭官呈上佳餚○○○○→禮生呈
上○○酒→禮生呈上○○茶→聖樂停。再依此流程進行第二至八
回，每回之間間隔三十秒，最後呈上清水及甜品。每一道官餚的菜
名皆有象徵吉祥之意，分別為「群仙祝壽」、「同心之言」、「河清海
晏」、「代代封侯」、「官上加官」、「一路榮華」、「家家得利」及「喜
得連科」。八小佳餚由廚師自由發揮，祀宴所用之酒與茶則須事先
擲筊請主神指示。

漢席結束後，緊接著第九回「滿席」，流程如下：奏三通鼓→呈上五福肉→燒烤官就位切肉→呈上「馨皮飄香」（肉皮）→禮生呈上〇〇酒→禮生呈上〇〇茶→三通鼓停→奏聖樂→陪祭官呈上「燒烤香餅」（燒餅）→禮生呈上〇〇酒→禮生呈上〇〇茶→陪祭官呈上「富貴滿堂」（鹹湯）→禮生呈上〇〇酒→禮生呈上〇〇茶→聖樂停。再依此流程由燒烤官切「白肉玉丁」（肥肉）、「五福俱全」（瘦肉），中間穿插一道點心與甜湯，最後呈上素餚收尾。神明用完餐後，禮生呈上龍涎巾（手帕），象徵式地為其擦嘴，再捧請神明回廟安座，君臣宴的儀式才告完成。滿席的主食為「五福肉」，即燒烤成熟的五花肉，共有肉皮、肥肉、瘦肉等三層，由燒烤官分三次切割呈上，刀法須嚴謹工整，以合乎孔子「割不正不食」（《論語‧鄉黨》）的飲食禮節。

從整個君臣宴的流程來看，其主神、陪賓神及其他貴賓神皆有一定的座席，每道官餚搭配一道佳餚，中間穿插酒與茶，呈官餚時奏三通鼓，佳餚則奏聖樂，上菜順序及演奏樂曲皆有一定的規矩，實仍保有古代飲宴禮儀的遺風。

五、結語

行業神雖然是傳統社會的產物，但在現今社會中仍有重要的價值。首先，每一行業皆有其職業倫理與社會價值，如醫藥業在拔除病痛，救人濟世；文教業在傳授知識，發揚文化；演藝業在娛樂大眾，陶冶人心；工匠業在製作器物，方便生活；商業在公平交易，貨暢其流；廚藝業在飽足眾生，滋養其身。行業神大多為各行業的創始人或特殊貢獻者，祭祀行業神有助於找回該行業的倫理與價值，而不以賺錢為唯一目的。其次，現今社會普遍缺乏敬業精神，

年輕人常不安其位，甚至「一年換廿四個頭家」。透過行業神的祭祀，可喚起現代人對職業的尊重，願意全心投入現職，並以畢生的志業視之。最後，現今社會同業間為爭奪利益，常不擇手段，惡性競爭，傷害行業的整體形象與利益。藉由行業神的共同信仰，可凝聚同業之間的感情，建立行業的規範，有助其長遠的發展。雖然目前許多新興產業已無行業神，但其所代表的職業倫理、社會價值、敬業精神、同業情感及行業規範等，仍是現今各行各業所亟需建立的，這也是易牙祭所隱含的意義與價值所在。

人類學家雷德斐（Robert Redfield）曾將文化分為大傳統（great tradition）與小傳統（little tradition），前者屬於上層知識階級，後者則屬於未接受正式教育的一般人民。大、小傳統之間並非兩個封閉的系統，大傳統常是從小傳統中逐漸提煉出來，且最後又會回到民間，並在民間得到較長久的保存，這即是孔子所曰：「禮失而求諸野」（《漢書‧藝文志》）。易牙祭中的君臣宴儀式，原為古代宮廷或上層社會的飲宴禮儀，但今天卻在下層的民間信仰中獲得保存，實在值得吾人更加的珍惜，並發揚其中的禮樂精神，為臺灣的飲食文化注入更深厚的內涵。

當然，高雄市的易牙祭與君臣宴仍有不少缺失存在，如活動場地的侷限、周邊環境的衛生、儀式現場的秩序、禮生的莊嚴性及文化元素的發掘等，皆有許多待努力的空間。本文僅就此一祭祀儀式的歷史背景及文化內涵做初步的討論，期待能引起更多的關注，讓行業神信仰與飲宴禮儀能得到保存與深化。

從中元普度祭品看民間的飲食文化
與養生觀念

一、前言

　　在各種宗教祭祀活動中，祭品常作為一種奉獻給神靈的禮物，是宗教信仰者向神靈傳遞各種訊息、表達思想感情與心理意願的媒介或載體，也是人與神進行交換及相互認同的途徑與手段。通過祭品此一象徵符號作為橋樑，把世俗與神聖世界有機溝通起來，建立一種相互依賴、和睦共處的人神關係。[1]

　　由於祭品在宗教祭祀儀式中具有重要的作用，因此有不少外國學者曾對此一主題進行研究，其中最具影響力的是 Henri Huber and Marcel Mauss 將犧牲（sacrifice）或供品（offering）解釋為「人神交換的禮物」、「人神之間的契約」，它必須被族人共食吃掉，藉以達到人神合一的境界。在臺灣相關的研究則較少，日治時期鈴木清一郎曾對祭品有所調查，他發現不同神格的神明有不同的祭品，如祭祀玉皇大帝、三官大帝等用五牲；土地公、灶君公用三牲；犒勞神兵、神將用小三牲；祖先、孤魂用飯菜；釋迦、觀音用素食的「菜碗」。[2]七〇年代 Bernard Gallin 曾在彰化小龍村進行調查，他發現

---

[1]　李金平：〈古代宗教祭祀用食物類祭品的構成及其型態特徵〉，《湖北廣播電視大學學報》27 卷 1 期（2007 年 1 月），頁 111。

[2]　鈴木清一郎著，馮作民譯：《增訂臺灣舊慣習俗信仰》（台北：眾文圖書公

許多儀式的祭品大致相同，只有最有錢及最窮的人家才有差別。人類學者李亦園則是最先以結構理論來分析祭品，並將香、供品犧牲、紙錢、場所等四者視為共構人神關係遠近的象徵表現。[3]

　　本文則主要探討中元普度的祭品。中元普度是漢人社會由來已久的習俗，每到農曆七月家家戶戶都會準備豐盛的祭品來祭祀，為臺灣民間重要的祭典節慶與信仰現象。有關中元普度祭品的研究，目前僅見施晶琳、洪瑩發的〈另一個世界飲食的想像：府城普度祭品文化意涵初探〉[4]乙文，該文主要以台南市區的中元普度祭品為考察對象，探討祭品的種類、擺設及象徵意義，已獲得初步的成果。本文即擬在前人的研究基礎上，進一步探討中元普度祭品所表現出的飲食文化與養生觀念。

　　人類常以現實世界來構築不可知的鬼神世界，而祭祀鬼神的供品正是現實人類飲食的投射反映。誠如李亦園所指出「中國人的一飲一食都隱含著要表達一種信仰的理念及存在的理想，同時更重要的是表達對完美的追求。……飽不飽是依賴對飲食信仰的理念、對存在的理想、更要表達追求一種完美的境界，這就是中國飲食最重要的表達性。而其意義比只求生物性的『吃飽』要重要的多。」[5]因此，從臺灣民間最重視的中元普度祭品，自然也可看出人們在飲食背後所要表達的文化意涵，及所要追求的健康狀態與養生境界。本

司，2000年），頁51。

[3]　有關國內外學者對於祭品的研究情形，詳見張珣：〈要葷也要素：大甲媽祖進香客的飲食〉，收入《第九屆中華飲食文化學術研討會論文集》（台北：中國飲食文化基金會，1994年），頁344。

[4]　施晶琳、洪瑩發的〈另一個世界飲食的想像：府城普度祭品文化意涵初探〉，收入《第九屆中華飲食文化學術研討會論文集》（台北：中國飲食文化基金會，1994年），頁357-385。

[5]　李亦園：〈中國飲食文化的理論基礎與研究課題〉，《第一屆中國飲食文化學術研討會論文集》（台北：中華飲食文化圖書館，1989年），頁2。

文即以高雄市左楠地區的慈濟宮、啟明堂、元帝廟、城隍廟、慈德宮、天府宮、青雲宮、山上天后宮、新吉莊北極殿、菜公豐谷宮、葫蘆尾福德廟、後勁鳳屏宮等廟宇為主要考察對象，嘗試就此一主題進行討論，希望能擴大國內有關祭品研究的領域，也能開啟飲食文化及養生觀念新的研究方向。

二、臺灣民間的中元普度習俗

　　中元節源自於道教的三元信仰，《道經》以正月望日為「上元」，七月望日為「中元」，十月望日為「下元」，分別配以天、地、水三官形成三元節日，分司賜福、赦罪與解厄三種功能。此一道教三元齋儀在六朝已具雛型，唐代則將三元節訂為正式的歲時活動，中元日成為七月的重要新節俗，官民參與慶讚中元活動，祈求地官對於生者赦罪，也對孤魂滯魄解罪。宋代以後，道教普度科儀更為完備，中元祭儀便普遍流行成為民間的重要節俗。

　　另外，西晉竺法護譯有《盂蘭盆經》一書，記載佛陀弟子目蓮尊者因思念過世母親，乃使用神通進入地獄，並以缽盛飯給母親充飢，豈料飯一到口中即成火炭，無法下嚥。目蓮無計可施，乃向佛陀求助，佛陀謂其母親罪孽深重，須於七月十五日結合十方僧眾，備百味五果共同祭祀，方能解救之。此一傳說在唐代廣為流傳，而與中元日節俗相結合，盂蘭盆會成為歲時祭儀的一種。時至宋代，隨著帝都以水陸法會普度孤幽儀式的盛行，並結合《焰口經》施食餓鬼的斛食之法及目蓮雜劇的搬演，盂蘭盆會為救倒懸而施食的祭拜活動，逐漸擴散滲透到民間，成為制度化的民間歲時節日。[6]

---

[6]　有關上述中元普度的由來及道、佛教的觀點，詳見江志宏：《臺灣傳統常民社會的明幽二元思維》（台北：稻鄉出版社，2005 年），頁 21-31。

　　臺灣民間的中元普度習俗，隨著閩南漢人移民的傳入，早在清領初期即已形成，如首任臺灣知府蔣毓英於康熙二十四年（一六八五）[7]所纂輯的《臺灣府誌》記載，曰：「中元，人家各祀所出，以楮作錢銀、綺錦焚之，又為畫衣裳雜服，上書菩薩經文，名為經衣，延僧登壇說法，撒物食羹飯，俗謂普施盂蘭盆會。」[8]又根據康熙五十六年（一七一七）周鍾瑄纂輯的《諸羅縣志》記載，曰：「……比日中元盂蘭盆會，亦盛飯僧；陳設競為華美，每會費至百餘緡。事畢，亦以戲繼之。」[9]可知清領初期中元普度已是臺灣民間的重要習俗，祭祀場面亦頗為盛大而熱鬧。

　　中元普度雖源自於道教的三官信仰，也具有佛教盂蘭盆會孝親供僧的意義，但臺灣民間所重視的是對孤魂野鬼的祭祀；尤其在移墾過程中，死於海難、天災、瘴癘、疾病、番害、械鬥者不計其數，為妥善安置這些無主的孤魂，避免對社會人群造成危害，每年的中元普度更是臺灣民間的一大盛事。乾隆六年（一七四一）劉良璧纂輯的《重修福建臺灣府志》曾詳細記載中元普度的流程與盛況，曰：

　　　十五日曰中元，為盂蘭會。數日前，好事者醵金為首，延僧眾作道場，以一老僧主之。豎高棚，陳設飯食、牲醴、蕉果、糕餅等盤，堆高至七、八尺或丈餘；黃昏後，登壇說法，撒物食羹飯，名曰「放燄口」，亦曰「變食」；以一粒飯可化作百千粒飯，供祀無祀之鬼，謂之「普度」。是夜頭家為紙燈千百，滿路插之，名曰「放路燈」；又先製燈盞，沿海浮之，眾燈齊燃，燦若列星，名曰「放水燈」；亦謂水陸會。沿街

[7]　有關蔣毓英修纂《臺灣府誌》的年代，詳見陳捷先：《清代臺灣方志研究》（台北：學生書局，1996 年），頁 16-18。
[8]　蔣毓英纂輯：《臺灣府誌》（台北：臺灣銀行經濟研究室，1985 年），頁 105。
[9]　周鍾瑄纂輯：《諸羅縣志》（台北：臺灣銀行經濟研究室，1962 年），頁 147。

或三、五十家為一局，張燈結采，排設圖畫、玩器，鑼鼓喧雜，觀者如堵。事畢，演戲以為樂，謂之「壓醮尾」；月盡方罷。是日，家各祀其先，與清明節無異；亦「春露秋霜，追遠報本」之意也。[10]

由此段記載可知：（一）不論是放燄口、放路燈、放水燈等儀式，都是在祭祀「無祀之鬼」，這也是臺灣民間舉辦中元普度的主要目的。（二）雖然中元普度以祭祀孤魂野鬼為主，但中元節當天須如清明節般「各祀其先」，仍保有佛教盂蘭盆會的孝親意義。（三）中元節雖為七月十五日，但整個普度祭典卻「月盡方罷」，持續一整個七月，顯示臺灣民間對此一節俗的重視。（四）中元普度祭品「陳設飯食、牲醴、蕉果、糕餅等盤」，可「堆高至七、八尺或丈餘」，種類、數量之多，遠為其他祭祀活動所不及，故也最能呈現出臺灣民間祭品的文化特色。

　　進入日治時期，中元普度的盛況並未因異族統治而有稍減，日人佐倉孫三即曾對此一現象感到驚訝與不解，曰：

臺人勤業貨殖之風，無貴賤、無老少皆然。是以一年三百六十餘日，營營栖栖，未嘗休業撤勞。唯中元盂蘭會，戶戶爭奇、家家鬥奢，山珍、海味、酒池、肉林，或聘妓吹彈，或呼優演戲，懸采燈，開華筵，歌唱管絃，更一月之久；竟以薦被幽魂之事，為耳目娛樂之具。大家則費數百金，小家則靡數十金，若計以全臺，其所費不貲也。[11]

---

[10] 劉良璧纂輯：《重修福建臺灣府志》（台北：臺灣銀行經濟研究室，1961年），頁97-98。
[11] 佐倉孫三：〈盂蘭會〉，《臺風雜記》（台北：臺灣銀行經濟研究室，1961年），頁6。

佐倉孫三的不解在於：為何他所看到的臺灣人民是全年無休地辛勤工作、努力賺錢，但一到七月卻又是如此的鋪張浪費、放逸享樂？其實，在傳統的華人社會中，根據儒家的治民思想，就是「一張一弛」的適度間隔，形成日常工作的生產活動之外，一種非日常性的休閒時間。這種「常」與「非常」間隔的時間節奏，乃根據節氣所調節的社會生產機制，在生產與收穫後的合適休閒時間，舉行「一國之人皆若狂」的祭祀慶典活動。[12]七月時的農作物已漸次收成，俗諺有云：「處暑斷犁耙」，可趁此敬謝鬼神與祭祀祖先，也藉以鬆弛而享受收穫的樂趣。因此，辛勤工作、努力賺錢是「常」，鋪張浪費、放逸享樂是「非常」，兩者都是臺灣人民的生活樣貌，只是前者時間遠較後者為長，才會使佐倉孫三對「非常」時期的現象感到驚訝。由此亦可看出，中元普度不單是祭祀鬼神的活動，它也具有民間放鬆、休閒及歡樂的意義；也因此普度祭品除了祭祀之外，它尚有作為飲食享受的目的，自然也是民間飲食文化的最佳反映。

　　直至今日，中元普度仍是臺灣民間最盛大的祭祀活動，除了大多數寺廟會有「公普」外，菜市場、大樓社區、公司行號都有各自的普度，家家戶戶同時也會拜公媽及地基主。目前臺灣最盛大的中元普度，當屬基隆（雞籠）中元祭，整個活動於農曆七月一日開始，當天在老大公廟祭奠「開龕門」，由輪值姓氏派代表主祭，並與市長分別開啟第一、二道墓扉鑰匙，放出孤魂，揭開鬼月序幕。七月十二日開燈放彩；十三日下午迎斗燈；十四日晚上花車遊行市區；十五日凌晨放水燈，晚上普度、化大士、跳鍾馗，再由新舊爐主交接手爐。八月初一輪值主普再回老大公廟「關龕門」，才結束整個

---

[12] 李豐楙：〈既是人傑，也是神靈：民俗祭典在現代臺灣的意義〉，《新活水》10 期（2007 年 1 月），頁 36。

中元普度。[13]另外，宜蘭頭城、屏東恆春會在中元節舉辦盛大的「搶孤」活動；客家人則有祭祀義民爺的活動，這是客家族群最重要的節慶，新竹新埔、桃園平鎮、嘉義市、高雄市、南投水里、花蓮富里等地的義民廟都有熱鬧的「賽豬公」。而隨著時代的演進，中元普度的祭品也逐漸在改變中，如二〇〇八年台南縣歸仁鄉的仁壽宮，除依傳統準備七十二餞供品外，尚打造一座精緻的數位廟宇模型，讓嬰靈能入內玩 Wii 擲筊。[14]因此，中元普度不僅未隨著傳統社會的變遷而逐漸式微，反而能融入許多現代的創意與設計，成為現今臺灣最熱鬧的民俗節慶，其中最核心的元素——祭品，實有必要做進一步的探討，以瞭解此一節慶背後所隱藏的文化意涵。

三、中元普度祭品中的飲食文化

　　飲食文化是指飲食行為與信仰背後的象徵（symbols）與價值（values），它與宗教、經濟、政治等其他行為的象徵與價值是相通的。[15]例如在中國飲食文化的深層結構中，常反映主體對人生理想的執著追求，包括在愛情、婚姻、家庭、生育、財富、名譽、地位、智慧、審美、健康、安全與長壽等方面表現出的欲望、願望與要求[16]；而這些人生理想的追求，也同樣表現在宗教行為的祭品之上，亦即在宗教祭品中也可看到民間的飲食文化。

---

[13]　李豐楙：《臺灣節慶之美》（宜蘭：國立傳統藝術中心，2004 年），頁 112。

[14]　吳俊鋒：〈歸仁仁壽宮普渡，給嬰靈玩 Wii〉，《自由時報》B4 版，2008 年 8 月 17 日。

[15]　張珣：〈要葷也要素：大甲媽祖進香客的飲食〉，頁 342。

[16]　瞿明安：〈中國飲食象徵文化的深層結構〉，《史學理論研究》3 期（1997 年），頁 120-121。

　　人們賦予飲食行為一定的象徵意義，並非憑空任意地加以想像，而是依循象徵思維及其類比規則來進行操作。象徵思維乃主體根據象徵符號和意指對象之間具有的某種相似性，而將兩者加以類比推理的一種思維方式。主體往往通過象徵符號在外部形態上的可視性、內在屬性上的可知性、特定名稱上的可讀性及歷史淵源上的傳承性等因素，將其與意指對象在某些方面具有的特定內涵形象化地聯想起來，從而產生一定的文化意義。[17]中元普度祭品所隱含的象徵意義，主要以下列三種方式來表現：

（一）形狀類比

　　食物祭品外部形狀的特徵具有可視性，極易被人們將其與自身內在的觀念意識進行類比聯想，從而推衍出象徵意義。許多中元普度祭品的外觀皆呈圓形，如水梨、蘋果、葡萄、香瓜、西瓜、雞蛋、鳥蛋、年糕、大餅、發粿等，象徵人們對於「圓滿」境界的追求；而有些祭品呈細長形，如麵線、麵條等，則象徵對「長壽」的追求。此外，尚有一常見祭品：蔴粩與米粩，其外型呈橢圓狀，用麵粉油炸而成，內部中空，外沾蔴粒或米粒，也被認為具有象徵意義，如董芳苑所言：「因其外形狀如同陽物，外皮又沾上蔴、米這類生命力很強的種子，一見便能悟出是象徵繁殖。」[18]另在中元普度法會中分撒給孤魂野鬼的特殊祭品「佛手」，它則是用麵粉製成手部捏指的形狀，如同地藏王菩薩接引西方的手印，希望陰陽兩界的人鬼能得到佛祖的牽引與幫助，進而超脫苦難地獄，永得福安。[19]

---

[17]　瞿明安：〈中國飲食象徵文化的思維方式〉，《中華文化論壇》1 期（1999年），頁 63。
[18]　轉引劉還月：《臺灣民間信仰小百科──廟祀卷》（台北：臺原出版社，1997年），頁 261。
[19]　劉還月：《臺灣民間信仰小百科──醮事卷》（台北：臺原出版社，1997 年），

　　除了以食物祭品的形狀象徵人們所要追求的理想境界外，尚有部分祭品是以其形狀特徵來象徵孤魂野鬼所需要的器物，如中元普度常見的龍眼、甘蔗與空心菜，民間傳說龍眼剝開後的所留下的殼，可以變化成為好兄弟們將祭品盛裝帶走的籃子；也有民眾認為孤魂野鬼可能肢體殘缺而沒有頭顱，故圓形的龍眼可以幻化成為好兄弟們的頭顱。甘蔗除了因為有節，而有節節高升的吉祥意義外，其外觀為長條形狀，民間也有認為當好兄弟們在盛裝祭品時，它正好可當作擔負物品的扁擔。空心菜細長堅韌的形狀，民間則認為可當成好兄弟帶走祭品所綑綁的繩索；也有民眾認為空心菜可變化成好兄弟的頭髮，使其免於受到烈日的灼曬。[20]

（二）屬性類比

　　食物的內在屬性包括味覺、特性及素質等內部狀態與特徵，也常被人們用來類比相似的事物與觀念。味覺是食物最具吸引力的內在屬性，酸、甜、苦、辣等各種滋味，常被用來類比生命歷程中所遭遇的各種狀態，如以甜味類比美滿與成功、以苦味類比困頓與失敗等。

　　美滿與成功是人們所追求的理想境界，因此食物祭品多為甜味，希望能藉以獲致如同祭品所表達的願望；尤其中元普度的對象為孤魂野鬼，其終年在地獄受苦受難，能於七月來到人間享食一番，人們更會以甜美食物加以款待。除了一般水果與糕餅多為甜味外，在中元普度的供桌上，也常會擺設以糖所製成的「糖塔」，或是由軟糖所組合而成的「糖棧」，甚至會直接以冬瓜糖、蜜餞、冰

頁 186。
[20]　施晶琳、洪瑩發的〈另一個世界飲食的想像：府城普度祭品文化意涵初探〉，頁 371-372。

糖或芋頭甜湯來祭拜，顯示甜味祭品所隱含的象徵意義為民間所接受及重視。

　　除了味覺的類比外，食物的產地也可用來類比象徵，如中元普度場最前方的「三川」桌上，通常會擺設由鹽、糖、薑、豆組成的「山珍海味」，即是以產在陸地的糖、薑、豆代表「山珍」，產自海中的鹽代表「海味」，藉以象徵祭品的珍貴與豐富。此外，尚有因食物的素質具有某種功能，也被當成重要的祭品。俗諺有云：「七月半的鴨子，不知死活」，鴨子是中元普度必備的祭品，民間有種說法認為中元節當天陰陽界的大門敞開，鴨子因會鳧水，祖先可藉其幫助渡過陰間黃泉，回到陽間收取後人準備的食物、衣服及錢財。[21]

（三）諧音類比

　　諧音類比是在事物名稱的語音與特定觀念的讀音之間，建立起意指關係來隱喻主體價值觀，自古以來即是以祈福辟邪為宗旨的吉祥民俗的重要表現形式。在宗教祭祀的場合中，人們即常以隱喻的方式，通過食物祭品與吉祥語的諧音關係，表達其祭神中祈禱的福願。[22]

　　在中元普度的祭品中，也有頗多諧音類比的例子，如常見的蘋果象徵「平安」、橘子象徵「吉利」、柚子象徵「有子」、鳳梨象徵「旺來」、龍眼（桂圓）象徵「富貴圓滿」、芋頭象徵「好頭路」、年糕象徵「年年高升」、粽子象徵「包中」、發粿象徵「發財」及「發達」等。除了類比吉祥語外，有些祭品尚有其他的諧音意義，如中

---

[21]　馮智明、倪水雄：〈賀州客家人祭祀飲食符號的象徵隱喻──以蓮塘鎮白花村為個案〉，《黑龍江民族叢刊》99 期（2007 年），頁 152。

[22]　同上註，頁 153。

元普度的神豬口中大多會咬一顆柑橘，代表「甘願犧牲」獻祭給神明之意；有的神豬則會咬一顆鳳梨，代表「王來」，即此豬為眾豬之王的意思。[23]

　　諧音類比主要在建立食物祭品與吉祥語的關係，但有時反而會形成祭品的禁忌，如民間傳說中元普度時，香蕉、李子及梨子等三種水果，因有「招你來」的諧音，故不能一起拜。今年（二〇〇八）台中東勢果農鑑於此一傳說影響梨子的銷售，特別在中元普度準備大量的梨子當祭品，農會總幹事還強調說：「梨子諧音『離去』，好兄弟吃了自動離開，寓意更佳！」[24]這種「一個諧音，各自表述」的現象，顯示諧音類比並無固定規則，只要象徵符號與意指對象之間的讀音相近，都可用來相互類比，這也讓食物祭品的象徵意義更具有彈性與豐富性。

　　綜上所述，中元普度祭品所隱含的象徵意義，主要是透過形狀、屬性、諧音的類比而來，其意指的對象大多為人們所追求執著的理想，如圓滿、長壽、多子、成功、吉祥、發財等，正與中國飲食文化的深層結構觀念相符合。尤其特殊的是，由於享用普度祭品的主要對象為陰界的好兄弟，因此其飲食象徵意義也較為廣泛，除滿足陽間人們的理想渴望外，也要兼顧陰間鬼眾的實用需求，如龍眼及空心菜可作為好兄弟的眼睛及頭髮、甘蔗可當作好兄弟帶走祭品的扁擔、鴨子則可載負祖先到陽間享用祭品等，這些特殊的象徵意義也讓民間的飲食文化更形豐富。

---

[23]　劉還月：《臺灣民間信仰小百科　廟祀卷》（台北：臺原出版社，1997 年），頁 259。

[24]　不著撰人：〈梨子不能拜？東勢果農破迷信〉，《人間福報》，2000 年 8 月 13 日。

四、中元普度祭品中的養生觀念

「養生」一詞乃指保養生命，以達長壽之意。中國的養生觀念發源甚早，先秦以來的儒、道兩家皆有所討論，主要的論點有四：（一）順應四時，即隨著自然的時節變化而養生，如《荀子・天論》曰：「養備而動時，則天不能病」；《黃帝內經・太素》謂天地四時之氣：「唯聖人順之，故身無奇疾，萬物不失，生氣不竭。」（二）養氣，一是透過呼吸吐納來養氣，屬於外在肉體層次，如《莊子・刻意》曰：「吹呴呼吸，吐故納新，熊經鳥申，為壽而已矣；此導引之士，養形之人，彭祖受考者之所好。」一是以平易恬淡的生活態度來養氣，屬於內在精神層次，如《莊子・刻意》曰：「平易恬淡，則憂患不能入，邪氣不能襲，故其德全而神不虧。」（三）虛靜寡欲，即降低對外物的追求慾望，保持內心的清靜，如《孟子・盡心下》曰：「養心莫善於寡欲」；《老子》曰：「見素抱樸，少私寡欲」；《莊子・在宥》曰：「無視無聽，抱神以靜，形將自正。必靜必清，無勞汝形，無搖汝精，乃可以長生。」（四）修養道德以養生，如《論語・雍也》曰：「仁者壽」；《孟子・公孫丑上》：「我善養吾浩然之氣」。從這些中國傳統的養生觀念來看，雖然各家的方法與重點各異，但大多在追求一種和諧的境界，包括人與外在自然的和諧，如順應四時與呼吸吐納；人的內在精神的和諧，如平易恬淡及虛靜寡欲；人與他人關係的和諧，如「仁者壽」。

中國傳統追求和諧境界的養生觀念，也同樣表現在現代華人社會的小傳統之中。李亦園曾經對臺灣及南洋各地華人的民間信仰進行調查，提出「三層面和諧均衡觀」的理論，指一個人或一個家庭如要達到最佳或最理想的健康或興盛狀態（Optimum state of health），就應該努力保持三個層面或三個系統的和諧與均衡，包括（一）個體或有機體系統，含內在實質與外在形式的和諧。（二）人際關係系統，含家庭親族、祖先關係與鄰人社區的和諧。（三）自然關係系統，含時間、空間、神靈等三系統的和諧。[25]

　　就中元普度祭品而言，同樣表現出上述三個層面的均衡與和諧，其中尤以個體或有機體系統中的內在實質和諧最為明顯。個體或有機體（Organism）是人存在的根本，也是養生的重點所在，它必須維持內外在的均衡，才能有健康的身體。在傳統的民間信仰觀念中，要維持內在實質的均衡最主要的是要注意「冷」和「熱」以及「陰」與「陽」的和諧，這就表現在食物、藥物和補品的調理上。食物的「冷」、「熱」觀念最能表現民間信仰中個體內在實質均衡的追求，此一觀念早在周代即已存在，而現今華人社會仍流傳有此種說法，許多人都約略知道哪些食物屬於涼性或寒性，哪些食物又屬於溫性或熱性。[26]

　　根據 E.N.Anderson 以香港 Castle Peak Bay 與馬來西亞檳榔嶼兩地一般俗民大眾的飲食原則為例，歸納出華人飲食原則首重冷熱平衡，其功用不只為了飲食有節，也為了醫療效果。如果冷食過多會有冷病症狀出現，熱食過多則會有燥病症狀出現，因此冷熱飲食平衡也是一套常民預防疾病的飲食觀念。不過，雖然以冷熱作為攝食的原則是華人的共識，但何者為冷，何者為熱，則可

---

[25]　李亦園：〈和諧與均衡——民間信仰中的宇宙詮釋與心靈慰藉模型〉，《現代人心靈的真空及其補償研討會論文集》（中壢：中原大學，1987 年 5 月），頁 4-5。

[26]　同上註，頁 4-7。

能不一致。[27]李亦園曾根據 E.N.Anderson 的研究，分析華人傳統食物系統中冷熱分類的準則，得出下表所示的參考標準：[28]

	冷	熱
1.成份	低蛋白質、低熱量	高蛋白質、高熱量
2.色澤	綠色、白色	紅色、紅褐色
3.生態	近水、生於水	不近水
4.豢養	家生	野生
5.區域	北方	南方
6.烹煮	低溫、水煮	高溫、油炸

　　如實際觀察臺灣民間的中元普度祭品，則大多數為涼性及寒性的食物，推測主要原因有二：（一）農曆七月為全年最為燠熱的時節，祭品不論是要給陰間受祭拜者享用，或是陽間祭拜者於普度後帶回食用，都以涼性及寒性的食物為宜，這也表現出自然關係系統中時間的和諧。（二）受到前述目蓮救母的傳說影響，中元普度的好兄弟就像是目蓮在地獄中的母親，所有到口的食物都會化成火炭，因此除了有「放燄口」的儀式外，祭品也以涼性及寒性的食物為宜，以方便好兄弟進食，也呈現出一種個體內在實質的和諧。

　　這些涼性及寒性的食物祭品，包括有香菇、金針、紫菜、白木耳、白蘿蔔、空心菜、綠豆、蘋果、甘蔗、香瓜、西瓜、水梨、柚子、椰子、香蕉、芒果、鴨子、食鹽、白砂糖等，其外觀或內在的色澤以綠色、白色居多。其中較值得注意的是鴨子與空心菜。鴨子除了前述具有搭載祖先渡過黃泉的功能外，涼性的肉質也使牠成為中元普度特有的犧牲。空心菜湯也是中元普度特有的祭品，它是將

27　張珣：〈要葷也要素：大甲媽祖進香客的飲食〉，頁 345。

28　李亦園：〈和諧與均衡──民間信仰中的宇宙詮釋與心靈慰藉模型〉，頁 8。

空心菜用開水燙煮過，空心菜既為水生植物，又以水煮方式料理，自然屬於冷性的食物，最適宜滿口火焰的好兄弟食用。除了空心菜外，也可以看到香菇、白蘿蔔、金針菇、鳥蛋等食物以水煮方式料理，符合上述冷性食物的烹煮方式。另外，有些人工的食物祭品，如摩訶糕、刈包、綠豆糕、[29]發糕、佛手等都製成白色，也符合上述冷性食物的色澤。

因此，因應七月燠熱的季節與好兄弟的燥熱形象，而準備涼性及寒性的食物來普度，正反映出民間追求個體內在實質和諧的養生觀念。不過，這種以冷性食物普度的原則，有時也會出現例外，如中元普度常見的龍眼，即屬於溫性食物，可能因其形狀、諧音都有特殊的象徵意義，故仍被當成祭品。另外，偶而會在祭品中看到榴槤，這種南洋傳入的水果，是標準的熱性食物，拿來普度明顯違背食物冷熱的原則，不過因出現的次數極少，故僅以特例視之。

除了個體或有機體系統中的內在實質和諧外，中元普度祭品也呈現出人際關係系統中祖先關係的和諧，及自然關係系統中神靈系統的和諧。中元普度除了祭拜孤魂野鬼外，也要祭祀祖先及監督普度場、協助法事進行的神明，最能表現出人與神靈系統的各種關係。李亦園曾提出人為神靈系統準備祭品的兩對基本原則：「全」與「部分」、「生」與「熟」，如下表：

神靈 祭品	神		鬼	
	天	神明	祖先	小鬼
形　狀	完整	大塊	小塊	小塊
是否烹調	生	半生	煮熟、調味	普通熟食

---

[29]　李豐楙：《鷄籠中元祭祭典儀式專輯》（基隆：基隆市政府，1991 年），頁 89。

　　此一分類的原則是用「全」來表達最高的崇敬與最隆重的行動，而形狀切得愈小，尊敬的程度也隨之降低；用「生」來表示關係的疏遠，用「熟」來表示關係的熟稔和較為隨便。「天公」的地位最高，故以生的全豬、全羊祭祀，一方面表示最高崇敬之意，另一方面也代表兩者關係的遙遠。一般神明則用三牲、五牲祭祀，通常只是一大塊，且稍加烹煮，代表較「天公」次一等的敬意與較密切的關係。祭拜祖先的祭品則與家常菜餚無異，通常切成可食用的小塊，且加以煮熟調味，代表以家常之禮待之，且在敬意中帶有親暱之情。至於對待「小鬼」則更為簡單，通常為一點白飯加上普通的酒菜，代表人、鬼關係的親近及隨便。[30]

　　在中元普度的會場，也可明顯看出神靈系統的祭品原則。普度會場的最前方常會擺置全豬與全羊，甚至舉行豬公、羊角比賽，都是用以祭拜「天公」。另在「三川」桌上的香、花、燭、果、茶、酒及「山珍海味」之後，通常會擺設祭拜三界公及其他神明的三牲或五牲，這些牲醴多為半熟、較小而全，豬肉則切成大塊。在會場中佔最大區塊的是祭拜祖先及好兄弟的普度碗，其中的祭品除上述的水果、糕餅外，大多為烹煮過的菜餚、白飯及菜湯；尤其明顯的是在提供鬼魂暫時歇息的「翰林所」與「同歸所」，其所擺設的祭品更是與一般人平時食用的飯菜無異。

　　除了食物祭品外，尚有一些特殊及非食用的祭品，如香菸、洋酒、檳榔，及跳棋、麻將、天九牌、四色牌、撲克牌、骰子等各式賭具，顯示人與好兄弟的狎暱關係，即使是不良嗜好也盡量給予滿足。另外，在普度會場還會設有「沐浴亭」及「男堂」、「女室」，提供臉盆、毛巾、牙刷、牙膏等，讓四處遊蕩的好兄弟可以沐浴更

---

[30]　李亦園：《文化與修養》（台北：幼獅文化公司，1997年），頁 160-162。

衣；也會準備花粉、口紅、梳子、針線、釦子、鏡子等，供其縫補衣物、梳妝打扮，設想至為周到。尤有甚者，有些普度場還會因應老人、兒童等不同鬼魂，準備拐杖、奶瓶、奶粉、各式玩具等特殊祭品，反映出民間對於人際關係和諧的追求，也延伸到陰間世界，讓男、女、老、幼等各種鬼魂都可以得到充分的照顧。

　　事實上，中元普度還具有關懷弱勢的意義，這些無主的孤魂野鬼也算是神靈系統中的「弱勢族群」，藉著中元普度好好款待一番，盡量滿足其各種需求與嗜好，也是另一形式的關懷弱勢；而這些好兄弟得到照顧，自然不會作祟人間，危及人們的平安與健康，這也體現了神靈關係和諧的養生觀念。再進一步來看，中元普度的關懷弱勢意義尚不侷限於陰間，許多陽間的弱勢族群也因此得到照顧，如早期的乞丐在普度期間有得吃又有得拿，故有「長工望落雨，乞丐望普度」的俗諺；現今多數廟宇則會準備大量白米普度，再將這些白米分送孤苦無依的老人、孤兒及清寒家庭，使其獲得妥善的安置與照顧，社會自然能平安和樂，也體現了人際關係和諧的養生觀念。

五、結語

　　綜上所述，中元普度是臺灣民間規模最大、歷時最久的宗教祭祀活動，祭祀對象涵蓋整個神靈系統中的神明、祖先及鬼魂，最能表現出本地民間信仰的內在精神與外在特色。中元普度祭品不僅數量及種類最為繁多，且背後所隱含的文化意義也最為豐富。就飲食文化而言，它透過象徵與類比方式，一方面呈現出現實世界的人生理想，另一方面也反映出對神靈世界的想像與態度。就養生觀念而言，它一方面透過食物冷熱特性，表現出個體或有機體的內在實質和諧；另方面透過「全」與「部分」、「生」與「熟」的料理方式，

呈現人際關係系統中祖先關係的和諧,及自然關係系統中神靈系統的和諧。因此,中元普度祭品兼具宗教與飲食的意義,也反映陰、陽兩個世界的想像思維,實不能僅以鋪張浪費或低俗迷信視之。

　　再進一步來看,文化包含(一)物質文化,因克服自然、求得生存而產生,如食、衣、住、行等。(二)社群文化,因營社會生活而產生,如道德倫理、社會規範等。(三)精神文化,因克服自我心中之「鬼」而產生,如藝術、宗教信仰等。這三種文化屬於可觀察的文化(observable culture),一般只視為文化的素材,人類學者所重視的是其背後不可觀察的文化(unobservable culture),也就是文化的文法或邏輯。[31]如將此理論套用在中元普度祭品,則其飲食功能屬於物質文化;照顧弱勢功能屬於社群文化;宗教功能屬於精神文化。這三種文化能並存於中元普度祭品之中,必定有一共同的文化法則將其勾聯起來,此一文化法則即是和諧與均衡。本文所探討中元普度祭品的養生觀念,正是在追求個體、人際關係、自然關係等三個系統的和諧與均衡;而在飲食文化部分,透過祭品的形狀、屬性、諧音所祈求的人生理想,也必須透過維持上述三個系統的和諧與均衡來達成,如健康、長壽來自於個體的和諧;家庭、婚姻的美滿來自人際關係的和諧;富貴、吉祥則來自自然關係的和諧;換言之,祭品所反映出人們追求的人生理想,其背後仍是一套和諧與均衡的文化法則在運作。因此,李亦園所提出中國文化的基本原則:和諧與均衡,實亦表現在臺灣民間的中元普度祭品上,這也是臺灣祭品研究值得再深入探討的課題。

---

[31] 李亦園:《田野圖像》(台北:立緒文化公司,1999 年),頁 70-78。

臺灣民間故事〈林半仙〉初探

一、前言

　　臺灣漢族民間故事的採錄，始於日治時代的中期。一九一五年川合真永編輯的《臺灣笑話集》，以臺日對照方式記錄臺灣民間的笑話，為最早的臺灣民間笑話專集。一九二一年片岡巖的《臺灣風俗志》一書出版，內容包括有臺灣人的小笑話、滑稽故事、童話故事、故事怪譚等，留下許多日治前、中期的臺灣民間故事資料。相較於日人因殖民目的或玩味異國情調而搜集民間故事，臺灣知識份子為保存及傳承本土文化，也於三〇年代展開搜集，最早且具規模的為一九三五年一月六日《第一線》所推出的「臺灣民間故事特輯」，搜集了〈頂下郊拼——稻江霞海城隍廟由來〉、〈鶯歌庄的傳說〉、〈新莊陳化成〉等十五篇故事，成績頗為可觀。一九三六年李獻璋在此一基礎上，再結合賴和、王詩琅、朱鋒（莊松林）、黃得時、廖漢臣、朱點人、一吼（周定山）等當時重要的文化工作者，合力編寫出《臺灣民間文學集》中的二十一篇故事，在臺灣民間文學史及新文學運動史上皆深具意義[1]。

---

[1]　詳見胡萬川：〈臺灣民間文學的過去與現在——以故事類為主〉，《民間文學的理論與實際》（新竹：清華大學，2004 年），頁 198-200；陳建忠：〈民間之歌，民族之詩——日據時期民間文學採集與新文學運動之關係初探〉，《日據時期臺灣作家論：現代性、本土性、殖民性》（台北：五南書局，2004 年），頁 66-71。

　　終戰之後，民間故事的採錄雖一度沉寂，但仍有婁子匡、江肖梅、林衡道、施翠峰、吳瀛濤等人，編寫出版臺灣的民間故事與傳說，也累積一定的成果。一九九二年起，胡萬川在政府部門的支持下，展開一系列民間文學的採集與整理；不同於上述出版的民間故事有相當程度的改寫，其乃採取原語的完整記錄，以最客觀的方式呈現民間文學原貌；迄今全臺已有台中、彰化、苗栗、宜蘭、雲林、桃園、台南、南投、高雄、嘉義等縣出版民間文學集，也蒐集為數可觀的民間故事資料，堪稱是晚近頗為成功的文學運動。在此一大規模的民間文學採錄風潮下，本在鄉野流傳的民間故事也逐漸躍上學術殿堂，「鄭成功」、「周成過臺灣」、「邱罔舍」、「白賊七」、「蛇郎君」、「鴨母王」、「嘉慶君遊臺灣」、「林投姐」等故事，都已成為學術論文的研究對象[2]，實有助於民間故事的深化與發展。

　　誠如「臺灣新文學之父」賴和所指出：每一篇民間故事「都能表現當時的民情、風俗、政治、制度；也都能表示著當時民眾的真實底思想與情感，所以無論從民俗學、文學，甚至從語言學上看起來，都具有保存的價值。」[3]本文即擬在前人的採錄及研究基礎上，

---

[2]　以學位論文為例，迄今有蔡蕙如：《與鄭成功有關的傳說之研究》（成功大學歷史語言研究所碩士論文，1991 年）；王劍芬：《「周成過臺灣」故事的形成與演變》（東吳大學中文研究所碩士論文，1994 年）；林培雅：《臺灣地區邱罔舍故事研究》（清華大學文學研究所碩士論文，1995 年）；彭衍綸：《臺灣民間故事〈白賊七的趣話〉及其相關問題研究》（政治大學中文研究所碩士論文，1997 年）；簡齊儒：《臺灣地區蛇郎君故事研究》（中興大學中文研究所碩士論文，2000 年）；黃淑卿：《鴨母王朱一貴傳說研究》（台北市立師範學院應用語言文學研究所碩士論文，2005 年）；賴淑娟：《嘉慶君遊臺灣故事之研究》（台北市立師範學院應用語言文學研究所碩士論文，2005 年）；黃淑卿：《林投姐故事研究》（成功大學中文研究所碩士論文，2006 年）；顯見近年來的研究尤為興盛。

[3]　賴和：〈臺灣民間文學集序〉，收入李獻璋編：《臺灣民間文學集》（台北：龍文出版社，1989 年），頁 1。

以流傳於高屏地區的民間故事〈林半仙〉為主題，探討故事的形成、演變及其所隱含先民的思想、情感與風水習俗，期能為〈林半仙〉的專題研究跨出第一步[4]，也為臺灣民間故事的研究累積成果。

二、故事版本與內容

　　有關〈林半仙〉故事的主要版本有五：（一）李獻璋的〈林半仙〉（以下簡稱「李版」），收入於其所編《臺灣民間文學集》的「故事篇」中[5]，成書年代為一九三六年。胡萬川曾指出本集子的故事，大都不是依客觀原則整理出來的成果，而是根據資料分頭改寫之後的作品，屬於「故事新編」一類，多的是改寫者的個人風格[6]。不過即便如此，此一版本仍為現存〈林半仙〉故事的最早樣貌，深具重要性。（二）涂麗生、洪桂己的〈林半仙〉（以下簡稱「涂版」），收入於公論報社出版的《臺灣民間故事》，成書年代為一九五七年至一九六〇年間。創立於一九四七年的《公論報》為當時銷售量最大的民營報紙，其設有「臺灣風土」版，介紹臺灣的鄉土民情，並搜集不少民間故事。另外，作者涂麗生為高雄人，曾在高雄多所中學任教，並擔任過臺灣省議員，應對高雄的〈林半仙〉故事知之甚詳。此一版本亦收入於陳慶浩、王秋桂主編的《中國民間故事全集》

---

[4]　就筆者目前所見，尚無研究〈林半仙〉的學術專文，僅有張昀浚：《臺灣民間風水傳說研究》（台北大學民俗藝術研究所碩士論文，2004年）、郭庭源：《臺灣與金門地區民間風水傳說研究》（高雄師範大學回流中文碩士論文，2007年）等有部份的討論。

[5]　李獻璋：〈林半仙〉，收入《臺灣民間文學集・故事篇》（台北：龍文出版社，1989年），頁55-67。

[6]　胡萬川：〈賴和先生及李獻璋先生等民間文學觀念及工作之探討〉，《民間文學的理論與實際》，頁217。

的臺灣專集中[7]。（三）林藜的〈林半仙神通廣大〉（以下簡稱「藜版」），收入於其《臺灣民間傳奇》十二冊，此書乃由其《寶島蒐古錄》及《臺灣民間故事》合編而成，前者之成書年代為一九七八年。林藜搜集臺灣民間故事甚勤，幾乎已達「縣縣有傳奇，鄉鄉有故事」；然而，其顯然為利讀者閱讀而多所改寫，故謂書中故事「不必處處求證於歷史……亦不必問事實之有無……姑妄言之，姑妄聽之可也。」[8]（四）林曙光的〈鳳山與林半仙〉（以下簡稱「光版」），收入其《打狗滄桑》一書，寫作時間約在一九七九年[9]。林曙光為高雄在地的文史專家，對於本地的地理、風俗、人物、產業等皆多所研究，且能兼顧田野採訪與文獻史料，此一故事亦不例外。（五）陳啟銓的《林半仙風水傳奇》（以下簡稱「陳版」），寫作年代在一九九〇年。陳啟銓精通堪輿之術，在其實地踏查及地方人士提供資料下，以章回小說筆法撰寫成三十九回的故事。書中林半仙的足跡擴及林園、東港、小琉球、萬丹、潮州、枋寮等地，主題多圍繞在其神奇的堪輿法術[10]。

　　從上述的五個版本來看，雖然或多或少都經過改寫，有作者「創作」的成分；不過，其改寫的基礎主要來自於民間流傳的〈林半仙〉故事，亦即仍保留著民間故事的母題，在目前缺乏科學採錄的口傳資料下[11]，仍是研究此一故事的主要材料。今以成書年代最早的李獻璋版本，分析〈林半仙〉的故事內容，大概由以下五個部份組成：

---

[7] 涂麗生、洪桂己：〈林半仙〉，收入陳慶浩、王秋桂主編：《中國民間故事全集・臺灣》（台北：遠流出版社，1989 年），頁 91-102。

[8] 林藜：《臺灣民間傳奇》自序（台北：稻田出版社，1995 年），頁 2。

[9] 林曙光：《打狗滄桑》自序（高雄：春暉出版社，1985 年），頁 2。

[10] 陳啟銓：《林半仙風水傳奇》自序（台北：五陵出版社，1999 年），頁 3-4。

[11] 目前各縣市所出版的民間文學集中，僅有桃園市採錄到〈林半仙〉故事（參見胡萬川編：《桃園市閩南語故事》，桃園：桃園縣文化局，2002 年，頁 24-52），但由於內容與上述五個版本並無太大差異，故暫不列入主要的討

　　（一）總兵葬父：中國某總兵因其父先前草葬於鳳鼻頭，故吩咐舅父與林半仙來臺檢骨遷葬。林半仙發現此地風水絕佳，力主不宜變動；但舅父不敢違背總兵交代，仍執意檢骨帶回，終在回航時遇難，總兵也因此招致厄運。

　　（二）開泉助農：滯留鳳山的林半仙，為感激農民真誠地請他吃蕃薯湯，因此作法告祭，以劍插地，湧出活泉，並叫農民奔跑，泉水隨之奔湧，解決了當地灌溉問題，農民也因此建「清水祠」紀念林半仙。

　　（三）臭羊肉事件：林半仙為廖姓窮人覓得「老婆顯胯」、「金面盆穴」兩處風水，廖某因此富貴，林半仙卻因而失明。答應照顧林半仙一生的廖某，本來頗厚待之，但有一次將跌落廁池的羊兒殺來款待林半仙，林得知後大怒，遂決意報復。

　　（四）破金面盆穴：林半仙告訴廖家墓穴有聲，需要修理。廖家同意後，林半仙作法致祭，以劍插墓，湧出泉水，掬水拭眼，雙目復明；金面盆穴卻因此破壞，廖家也由富裕轉為貧窮。

　　（五）破「老婆顯胯」穴：林半仙又慫恿一賣豆花的未婚男子，到廖家的「老婆顯胯」穴作性交狀，並將豆花倒入其中，自然會有女人投懷送抱。果然從此之後，廖家婦女都淫猥起來，家風也隨之敗壞。

　　其他四個版本的故事，大致上皆以這五個部份為主體，因此擬稱上述情節為「基本型」。除此「基本型」的情節外，有三個版本都擴充故事的內容，像凃麗生、洪桂己增加林半仙「一劍斬斷鯉魚山」、「敗壞七星火豚舍」及「棺材埋在剪刀內」等情節；林曙光則根據一位仁武庄人的口述，將林半仙與「第三查某仔吃命」、「李門

論材料。

環」等故事相附會；陳啟銓更將林半仙的故事擴張到三十九回，足跡遍及高屏各地。這些擴充的故事內容，有的乃其他類型故事的附會，有的則偏離故事母題太遠，故本文的討論範圍仍界定在「基本型」的五個部份。

三、故事背景

目前所見最早出現〈林半仙〉故事的有關文字，乃清光緒二十年（一八九四）盧德嘉所編纂的《鳳山縣采訪冊》，其記載「清水巖」曰：

> 清水巖（巖在山麓，有泉從石罅出，清冽宜茶，注為汙池，大旱不涸，灌田百餘畝。相傳此水為堪輿林鎮仙仗劍喝出，未知信否？石上有大榕一株，俯臨如蓋。其水澄澈無塵，遊魚可數，故名。巖南數武，有觀音堂，即名清水巖寺）[12]

此一記載即〈林半仙〉故事中「開泉助農」的情節，應在清廷割臺之前已廣為流傳[13]，故為盧德嘉所采錄；由此亦可看出當時臺灣社會所盛行的堪輿之風，地景地物也都沾染上風水的色彩。

中國的風水觀念起源甚早，唐、宋時期即已逐漸成形，如託名晉朝郭璞的《葬書》所曰：「葬者，乘生氣也，……氣乘風則散，界水則止。古人聚之使不散，行之使有止，故謂之風水。風水之法，

---

[12] 盧德嘉編纂：《鳳山縣采訪冊》（台北：臺灣銀行經濟研究室，1960 年），頁 30。

[13] 施翠峰曾指出臺灣民間故事的形成，應在乾隆末年開始，歷經嘉慶、道光、咸豐，及至同治之間的大約一百年期間（參見施翠峰：〈臺灣民間故事的發展及其內容〉，《漢學研究》8 卷 1 期，1990 年 6 月，頁 678），〈林半仙〉故事亦應在此一期間內形成。

得水為上，藏風次之。」[14]其對風水的詮釋與界定，大抵為後世堪
輿家奉為圭臬。明、清時期，風水數術愈盛，上自王公貴族，下至
庶民百姓，普遍篤信不已，如題名松陵雲陽子的〈醒心篇〉所曰：
「世間萬事半荒唐，只有風水一事，利害不可當。上自王侯及卿相，
下至一家溫飽小安康，但有墳塋或住宅，獨沾旺氣不尋常。孝子順
孫能信此，為安親骨保烝嘗，日日尋師求吉地。」[15]而位於中國南
方的閩、粵兩地社會，由於漢族文化的轉移發展，並與當地土著的
喪葬文化相融合，更成為風水習俗流傳的重鎮，不管是民間對日常
的擇居與營葬，或是官方對公共建設與地理龍脈的保護，都展現出
根深柢固的風水觀念[16]。

　　清初隨著閩、粵移民大量來到臺灣，風水觀念也逐漸在此地生
根，如黃叔璥《臺海使槎錄》曾記載秀才莊子洪所云康熙三十八年
（一六九九）間「郡民謝鸞、謝鳳偕堪輿至羅漢門卜地」一事[17]，
顯見清初即有臺民延請堪輿師進行風水擇地之事，而堪輿師也成為
傳佈風水觀念的重要媒介。堪輿師除為個人或家族卜擇陰宅外，有
時也能指導官紳從事廟宇、水利、城郭、書院等地方公共設施的選
址營建，如康熙後期繪圖教導貢生施世榜鑿成諸羅縣八堡圳的林先
生[18]，即為一深諳風水地理的傳奇人物[19]。另外，堪輿師也常透過

[14] 郭璞：《葬書》，收入《景印文淵閣四庫全書》808 冊（台北：臺灣商務印
　　書館，1983 年），頁 12-15。
[15] 轉引自蔣大鴻：《相地指迷》卷 3（台北：武陵出版社，1996 年），頁 8a。
[16] 詳見洪健榮：《清代臺灣社會的風水習俗》（臺灣師範大學歷史研究所博士
　　論文，2003 年），頁 12-52。
[17] 黃叔璥：《臺海使槎錄》（台北：臺灣銀行經濟研究室，1957 年），頁 112-113。
[18] 周璽編纂：《彰化縣志‧規制志》卷 2（台北：臺灣銀行經濟研究室，1962
　　年），頁 56。
[19] 今彰化縣二水鄉員集路旁尚存有一「林先生廟」，林先生的事蹟也成為流傳
　　甚廣的民間故事，如王詩琅：〈林先生開大圳〉，《臺灣歷史故事》（台北：
　　玉山社，1999 年），頁 108-115。

對山川形勢的劃定與地理現象的詮釋，來建立其權威性地位，如嘉慶初期噶瑪蘭地區的堪輿師蕭竹，其對於當地整體風水格局的刻劃，深為地方官紳所重視；乾嘉時期的「北林郎，南林鎮」兩位堪輿名師，其足跡遍及臺灣南北的名勝佳地或福穴吉壤，迄今各種風水故事仍流傳在各地的鄉間村落。在清代的臺灣方志中，記載輿地山川或境域名勝的條目下，也常見「堪輿家云」、「形家者言」之類的文字，顯示堪輿家對山川名勝的評點意見，頗具有權威地位，也在民間流傳甚廣，故為官方志書的編纂者所重視[20]。

堪輿師由於掌握一般人所不瞭解的地理知識，加上民間的風水迷信及堪輿界的自我吹捧，故在許多風水傳聞中常會帶有神奇的色彩，如明初潮州府潮陽縣的「蟲母仙」，相傳「為人擇地，而多不扦穴，聽人自得之，矢口成讖，後吉凶皆如券。每遇其蹲坐處，則多吉地，故人往往陰識之，以為驗。」[21]又如清初潮州府澄海縣的南洋人余執中，精通堪輿之術，人稱半仙，相傳「嘗為許龍祖卜穴，時龍尚幼，余語之曰：願富貴，無忘余。自卜穴，穴前有大隄，或以為嫌。余笑曰：無慮，我葬後，當有為我改之者。後龍貴，往省余墓，聞其遺言曰：先生其命我矣。因改築焉。」[22]〈林半仙〉故事的主角林鎮，亦為一帶有神奇色彩的堪輿名師，相傳其為福建惠安人，清乾隆年間移民至臺灣南部，與北部林瑯仙、中部蟲母仙齊名，三人皆以尋龍點穴出名，造葬功夫一流[23]。林鎮是否真有其人，

---

[20] 洪健榮：《清代臺灣社會的風水習俗》，頁 97-98。
[21] 周恒重等編纂：《潮陽縣志‧雜錄》卷 13（台北：成文出版社，1966 年），頁 48a。
[22] 李書吉、蔡繼坤等編纂：《澄海縣志‧方技》卷 19（台北：成文出版社，1967 年），頁 54a-b。
[23] 郭忠民：《林半仙秘受地理法》序（台中：如意堂，1998 年），頁 4。

尚無史料可資佐證，但可推測清代臺灣南部應有一堪輿名師，其事蹟為地方及堪輿界所傳頌，逐漸形成〈林半仙〉故事。

另外，〈林半仙〉的故事場景—鳳山，自古即具有神奇的讖緯色彩，如康熙三十四年（一六九五）高拱乾所編纂的《臺灣府志》記載：「傳聞鳳山有石忽開，讖云：『鳳山一片石，堪容百萬人，五百年後，閩人居之』。俄而復合。」[24]而鳳山共有鳳山洞、向天池、金面盆等十三景，除上述的清水巖外，尚有不少為堪輿家評點或具有特殊形勢者，如《鳳山縣采訪冊》所記曰：

> 金面盆（係山上小邱，四圍隆起，中微凹，形家以為勝地）……
> 石翁媼（在清水巖寺南數武，平原中浮一小邱，上有兩石人，
> 狀如相攜，天然圖畫，亦奇景也）、石鴨鴒（亦平地一石結
> 成，色灰黑，大倍於鵝，細審之，真如生者）……仙人跡（石
> 上有足趾痕，深二分許，五指宛然，類人工琢就者）、獅子
> 喉（山上闢一竅，徑六尺許，作獅子張口勢。土人云：其喉
> 若吐煙，則東港必遭回祿。此理殊不可解）[25]

在此一充滿神奇色彩的地理環境中，加上清代臺灣社會的風水觀念及堪輿名師林鎮的事蹟傳說，終構成廣為流傳的民間故事〈林半仙〉[26]。

---

[24] 高拱乾：《臺灣府志・雜記》（台北：臺灣銀行經濟研究室，1960 年），頁224。

[25] 盧德嘉編纂：《鳳山縣采訪冊》，頁30。

[26] 除〈林半仙〉故事外，江肖梅的〈周探花〉故事開頭也以鳳山為背景，描述閩南周敏毅在來台過程中過世，家人將其潦草埋葬在鳳鼻尾的山腰，卻庇佑其孫周士超高中武探花（詳見江肖梅：《臺灣故事（上）》，收入婁子匡主編：《國立北京大學中國民俗學會民俗叢書》118 輯，北京：北京大學，1955 年，頁 72-75），由此可見鳳山的奇特風水，應在臺灣民間頗為流傳。

四、故事分析

（一）總兵葬父

　　這一部份的故事情節，主要在呈現林半仙來臺的緣由及其高超的堪輿功夫。中國總兵命舅父及地理師來臺為其父檢骨，希望帶回內地厚葬；此一洗骸收骨（二次葬）的作法本為華南土著民族的傳統葬俗，後來與南渡漢人的風水葬俗產生互動，並在漢人「落葉歸根」的觀念下逐漸強化，而廣泛流傳於閩、粵社會，也成為清代臺灣重要的葬俗。一般檢骨遷葬的原因，大多出於風水庇蔭的觀念，希望藉此來改善後人不順的運勢；而總兵則主要出於孝心，但也考慮到風水問題，所以才有兩位地理師隨同前來；可惜舅父與另一位地理師不聽林半仙意見，終於導致兩人的船難與總兵的死亡。這段情節一方面印證風水的靈驗，藉以增添往後故事的可信度；另一方面也凸顯地理師的素質問題，真正如林半仙具有高深的堪輿技術與職業道德者，實不多見。

　　總兵的父親僅以草蓆包裹地潦草埋葬，其風水究竟好在哪裡？「林版」與「涂版」皆未說明，「光版」略為提及，「黎版」與「陳版」則有所解釋，後者尤詳：屍體未入棺而裹以草蓆者，在地理學上稱之為「軟葬」，而鳳鼻頭「此洞為鳳山之盡頭，得到鳳山全部之地靈氣，為鼻孔內，適合軟葬，如用棺木，必會使仙鳳嗆到鼻孔，反成大凶。」[27]此一「人物窮困──無棺葬先人──反得福地──庇蔭後代」的情節，在民間故事中時常可見，鄭成功亦有類似傳說，

---

[27] 陳啟銓：《林半仙風水傳奇》，頁 10-11。

略以：鄭成功之祖兄弟好賭，家產蕩盡，母死無棺，求助舅父卓某，得千錢，但又隨即賭光。因無錢買棺收斂，只好將母屍納入米籃，乘夜出奔，忽遇大雨，兩人棄米籃避雨，雨停，見群蟻負土於米籃處，以為天成，乃展拜而歸。後卓某至墓處祭拜，見風水極佳，但可惜用葬以棺木；兩兄弟乃告以實情，卓某甚喜，謂鄭成功四世榮顯，皆因此穴[28]。這種天象突變（忽遇大雨）及動物助葬（群蟻負土）的情節單元，也出現在朱元璋、毛相國、陶侃、漢滕公等人的故事中，藉以烘托王侯英雄得天獨厚的福份[29]。

　　與〈林半仙〉開頭情節更為接近者，為流傳於福建泉州地區的〈萬提督葬母〉。其故事情節大致與上述鄭成功傳說相近，不過萬正色兄弟乃以草褥代棺，所葬墓地為困牛穴，位置正在牛肚內，合乎牛吃草的習性，反而歪打正著地取得福地。後來，萬正色在此福地的庇蔭下，一路飛黃騰達，官拜福建水師提督。當時有一招搖撞騙的女巫，萬夫人請其入衙叩問神事，女巫擔心露出馬腳，乃打探萬之隱事，假託神意提及葬母一事。萬大吃一驚，乃馬上擇吉檢骨，備棺安葬；但福地風水卻因此破壞，萬也落得罷職歸家[30]。此一故事在前者的基礎上，再加上「檢骨重葬──破壞風水──後代衰敗」的情節，將風水的靈驗性更加強化。萬正色乃清康熙年間戰功顯赫的名將，曾上疏陳述福建海疆機宜，收復金門、廈門等沿海諸島，官至福建總兵、水師提督、陸路提督，後調任雲南提督，為部將所誣陷，罷職而卒[31]。萬正色為福建泉州人，乃臺灣移民的主要原鄉；

---

[28] 詳見禾日：《臺灣的根與枝葉》（台北：國家出版社，1986 年），頁 147-148。

[29] 詳見蔡蕙如：《與鄭成功有關的傳說之研究》（台南：台南市立文化中心，1998 年），頁 56-57。

[30] 吳藻汀：〈萬提督葬母〉，《泉州民間傳說第五集》，收入婁子匡主編：《國立北京大學中國民俗學會民俗叢書》163 輯，頁 11-19。

[31] 不著編人：《泉州府志選錄》（台北：臺灣銀行經濟研究室，1967 年），頁

其又曾與明鄭交戰，迫使鄭經退守臺灣，在臺灣亦頗具名聲。因此，臺灣的〈林半仙〉開頭情節應即由泉州的〈萬提督葬母〉轉化而來，差別僅在前者以林半仙為敘事主軸，後者則為萬正色；而〈林半仙〉的中國總兵即為曾任福建總兵的萬正色。

（二）開泉助農

此一情節一方面在表現林半仙的堪輿神技，可以開鑿泉水，造福農民；一方面則凸顯其知恩圖報的性格，為後段的「臭羊肉事件」預作鋪陳。根據施翠峰的研究指出，含有道德意義的民譚約佔所有民譚的四分之一，而這些道德民譚中以報恩故事佔最大份量[32]。番薯湯雖然是最低賤不過的食物，但對於飢腸轆轆的林半仙而言，卻是最美味的食物；尤其是來自於貧窮農民的真誠對待，更讓他決定報恩。「光版」並且增加港子埔的富農吃著白米飯，佐以大魚大肉，卻無視於飢餓的林半仙的情節[33]，來凸顯貧農請吃番薯湯的難能可貴，增加林半仙報恩的必要性。最後，林半仙以開鑿泉水，解決貧農最苦惱的灌溉問題，也頗能體證「受人點滴之恩，當湧泉以報」的傳統美德。

水源乃傳統農業社會的重要資源，清代臺灣常因爭奪水源而發生械鬥，許多重要的水井、水泉、水流也都有不同的故事傳說。最有名的傳說當是〈劍井〉，故事主角仍是鄭成功，相傳他有次帶兵北上，在台中鐵鉆山迷路。由於天氣燥熱，將士口渴難忍，又找不到水源，鄭成功乃拔劍往地一戳，向天祝禱，果然湧出泉水。於是，鄭成功命將士在此挖成一井，取水飲用，據說水味甘美，久旱不涸，

128-129。
[32] 施翠峰：《臺灣民譚探源》（台北：漢光文化事業公司，1985 年），頁 15。
[33] 林曙光：〈鳳山與林半仙〉，《打狗滄桑》，頁 28。

名為「劍井」[34]。鄭成功此一類型的傳說頗多，像台北大稻埕舊媽祖宮後的「小劍井」[35]、廈門鼓浪嶼的「劍泉」[36]、高雄內惟的「龍目井」[37]等皆屬之。

　　蔡蕙如分析此一「面臨缺水困境——求水（鄭成功祈天，以劍插地）——水出（味甘淡美，源源不斷）」的故事情節，指出其有三個重要的構成要素：英雄本身（鄭成功）、神助（向天祝禱）及寶物（寶劍）[38]。比較〈林半仙〉的相同情節，英雄本身即是具有堪輿神技的林半仙；神助則表現在他「披直頭髮，站在排滿了牲醴的一隻長方形的棹子前，嘴裏喃喃地念著些什麼咒語，接著還撒下了幾下鹽米。步罡踏斗……」[39]的告祭儀式上；寶物則是他那「白亮亮的靈劍」。

　　相傳林半仙除擁有勘輿絕技外，尚與鄭成功一樣，具有得自九天玄女真傳的法術[40]，因此都能拔劍鑿水。鄭成功的寶劍可以投入劍潭，斬殺魚精[41]；林半仙的寶劍也可投向山腰，斬斷鯉魚精[42]。唯一不同之處，在於林半仙為一堪輿師，因此他請求神助的方式，不像鄭成功只單純向天祝禱，而是具有較複雜的道教儀式。

　　事實上，身為堪輿師能夠掌握水脈所在，乃其應具備的專業能力，並無任何神奇之處，如「黎版」所言：「故林半仙的刺劍得水，

34　石四維：〈劍井〉，收入陳慶浩、江秋桂主編：《中國民間故事全集・臺灣》，頁 42-44。

35　禾日：《臺灣的根與枝葉》，頁 145。

36　陳煒萍編：《廈門的傳說》（台北：淑馨出版社，1991 年），頁 50-51。

37　林曙光：《打狗瑣譚》（高雄：春暉出版社，1993 年），頁 13。

38　蔡蕙如：《與鄭成功有關的傳說之研究》，頁 111-112。

39　李獻璋：〈林半仙〉，《臺灣民間文學集・故事篇》，頁 58。

40　郭忠民：《林半仙秘受地理法》序，頁 4。

41　黃得時：〈國姓爺北征中的傳說〉，《臺灣民間文學集・故事篇》，頁 96-97。

42　凃麗生、洪桂己：〈林半仙〉，收入陳慶浩、江秋桂主編：《中國民間故事全集・臺灣省》，頁 98-99。

並非別具神通，亦不過如留元崇（宋人，有題卓錫泉詩）詩所謂『吾師知地脈，杖錫此間卓』而已。」[43]同樣的，在福建石井鎮的「國姓井」也有類似傳說，鄭成功憂心當地缺水，有次在海邊沙地發現螞蟻爬行，乃以玉帶環沙，命兵士往下挖井，果然湧出清淡甘甜的泉水。眾兵士以為神奇，鄭成功則解釋道：螞蟻爬行疊窩，只有淡水處能發現，故在此處下挖，必然湧現淡水，非有何神奇處[44]。因此，林半仙與鄭成功或確有在旱地開鑿泉水之事，只不過兩人所憑藉的是對地下水源的觀察與知識，並非真有神力相助。

這段情節的結尾，乃林半仙要農民奔跑，泉水也隨之奔湧，直至其停下處。此一作法類似台南新營「姑爺里」的由來傳說，鄭成功要楊姑爺騎馬往郊外跑三天三夜，所經過土地皆賞給他[45]；惟不同之處，在前者展現林半仙對農民的恩澤，後者則表現鄭成功對楊姑爺的慷慨。

（三）臭羊肉事件

此一故事情節在臺流傳甚廣，據簡齊儒統計至少有二十則異文，包括澎湖的蔡廷蘭、張百萬及金門的蔡復一等名人，皆有「臭羊肉型」的傳說[46]。林半仙為廖某覓得佳穴，使其因此富貴，自己卻付出失明的代價。一般俗眾認為，堪輿師以預言及超於凡界的靈知，來鑒察地理局勢，乃是一洩露天機的行為，會因此遭受天譴的

---

[43] 林藜：〈林半仙神通廣大〉，《臺灣民間傳奇》12 冊，頁 41。
[44] 冬青、曉帆：〈國姓井的傳說〉，收入程薔、浩宇編：《中國地方風物傳說》（北京：中國廣播電視出版社，1996 年），頁 220-223。
[45] 林藜：〈楊姑爺馳馬得地〉，《臺灣民間傳奇》9 冊，頁 129-132。
[46] 簡齊儒：〈支付與回報、試煉與公理——從「社會交換論」觀點探析臺灣地理師風水傳說〉，《興大人文學報》33 期（2003 年 6 月），頁 186-187。

咎責，故主人都會以「包紅」回饋勘輿師，使其「見紅」以避災禍[47]。然而，林半仙所覓的「金面盆」與「老婆顯胯」兩穴，乃是「出士兼發財」的上上之穴，其將如此重要的天機洩露出去，使廖某的命運完全改變，自然也需承擔更大的、非「見紅」可避免的災禍——失明。

答應照顧林半仙一生的廖某，未能堅守承諾，而以臭羊肉款待林半仙，實犯對待堪輿師的大忌。在清代臺灣社會中，堪輿師通常受到有力人家的倚重，地方紳民基於現實的考量，在延請堪輿師擇定風水的過程中，大多備加款待；甚至平日即長期奉養，以為先人或己身尋覓風水佳穴；而堪輿師死後，有時也會為其處理營葬事宜，並且加以奉祀，以示尊重[48]。廖某雖知其富貴皆歸功於林半仙，也盡力履行奉養的承諾，只是日子一久不免懈怠，而以臭羊肉欺瞞之。令人難以忍受的是，此一欺瞞手段竟建立在林半仙為廖家犧牲的失明代價上，這教重視知恩圖報的林半仙情何以堪？故其後來的報復行為，實亦廖某的咎由自取。

值得注意的是，此一流傳甚廣的「臭羊肉事件」情節，究竟是如何形成？筆者認為應與廣澤尊王的傳說有所關連。廣澤尊王信仰源於後唐時代的福建泉州南安，清初隨著內地移民傳入臺灣，祖廟為康熙年間所建的台南西羅殿，迄今全臺有七十座同祀廟宇及六十五處神壇，為本地重要的民間信仰[49]。廣澤尊工又稱「聖王公」或「郭聖王」，在閩、臺兩地都有豐富的神話傳說，其中與「臭羊肉事件」有關者為：郭聖王名忠福，自幼喪父，受僱於楊長者家牧羊。

---

[47] 同上註，頁 194。

[48] 洪健榮：《清代臺灣社會的風水習俗》，頁 93。

[49] 詳見陳梅卿：《說聖王‧道信仰：透視臺灣廣澤尊王》（台南：臺灣建築與文化資產出版社，2000 年），頁 24-34。

楊長者延請一有名地理師尋覓風水，地理師雖知羊舍為最佳吉地，
但因楊長者無福份，故未告之。在楊家的郭聖王每日捧洗臉水給地
理師，對其至為恭敬。地理師知郭聖王非凡人，乃將羊舍吉地告之，
要他將父親骨灰灑在此地，則可萬世封侯。郭聖王依此而行，羊舍
飛起無數黑蜂，將羊群全都觸死，楊家家道從此衰落[50]。此一傳說
在閩南一帶廣為流行，但並無請地理師吃臭羊肉的情節。

　　在臺灣較早的廣澤尊王傳說記載，是日人增田福太郎的《臺灣
の宗教附童乩》一書，故事略以：廣澤尊王幼時父母雙逝，在豪農
陳長者家為牧童飼羊。陳長者生性吝嗇，有次為替祖先擇風水，聘
請地理師至家中，竟以溺死糞坑的羊肉款待之。尊王不忍而告之，
地理師大怒，乃將位於羊舍的吉地告知尊王，令其安葬雙親，終成
萬世香煙不絕之神明[51]。增田福太郎曾於一九三六年訪問台南西羅
殿，此一傳說可能是對信徒作口述歷史而來[52]。比較上述閩、臺兩
地的故事內容，推測閩地原始傳說並無臭羊肉情節，但隨著原鄉移
民流傳至臺灣後，傳述者為增加戲劇效果，加上郭聖王乃以牧羊為
業，故增衍出吝嗇主人以溺死糞坑的羊肉款待地理師的情節，也形
成臺灣風水傳說中「地理師／臭羊肉」的有趣組合[53]。

　　比較臺灣的廣澤尊王傳說與〈林半仙〉故事，主要情節大致相
同，只不過前者敘事主軸在廣澤尊王，後者則為地理師林半仙，告

---

[50]　吳藻汀：〈郭聖王〉，《泉州民間傳說第五集》，頁 69-71。

[51]　增田福太郎：《臺灣の宗教附童乩》（台北：古亭書屋，1975 年），頁 46-48。

[52]　陳梅卿：《說聖王・道信仰：透視臺灣廣澤尊王》，頁 14。

[53]　台北汐止的吳建順曾講述一則「臭羊肉型」的風水傳說，結尾是風水師聽
　　　到婢女告以臭羊肉實情，非常生氣，乃叫婢女舀糞潑灑主人墓碑，風水一
　　　壞，有蜜蜂飛來將主人的羊全叮死，自己則帶著婢女離去。（詳見陳益源：
　　　〈臺灣民俗文學論叢〉，《臺灣民間文學採錄》，台北：里仁書局，1999 年，
　　　頁 89）此一蜜蜂叮羊的情節，正與廣澤尊王傳說相符，也可佐證兩者之間
　　　的關連性。

知臭羊肉實情的角色換為帶有戲謔性格的丫鬟，故事結局也因此從地理師的報恩轉向報復發展。

（四）破金面盆穴

此一故事情節乃林半仙破壞廖家風水的第一步。金面盆穴乃主財，林半仙以寶劍刺墓，泉水湧出，代表聚財之盆已破，錢財外洩，廖家從此不再富裕；而林半仙以泉水洗眼，重見光明，則代表廖家風水已壞，其不必再背負洩露天機的咎責。

在上述基本情節之外，「涂版」尚加入墳墓挖起，金面盆上的七隻鶴飛走的情節；「光版」與「陳版」則再加上七鶴飛走，廖家驚訝之餘，倉促出手抓住一隻，卻折其一腳，導致廖家後代出了個跛腳進士的情節。此一「跛腳進士」類型的故事，反映佛教輪迴轉世與因果報應的思想，在閩、臺兩地也頗為流行。福建泉州晉江即有則〈燕子歸巢〉的傳說，略以：明代年間，晉江有個王姓小販跌落山谷而亡，鄉親草草將其就地埋葬。十多年後，小販妻子請來堪輿師，欲為亡夫移葬。當打開墓穴時，一羣燕子飛出，堪輿師驚慌間揮落一隻。他仔細觀察四周環境，發現此處竟是「燕子歸巢」的吉穴，若無燕子飛走，則王家將可科第蟬聯，官宦不絕；但因只剩一隻受傷掉落，後來才出了個跛腳進士王恒京[54]。

在臺灣「跛腳進士」的故事流傳更廣，姜佩君曾分析六則澎湖的七鶴穴傳說，其「基本型」情節大致由七個部份所組成：1、尋找靈穴：某主人從唐山找來地理名師，為先人覓得靈穴，但地理師卻會因此失明。2、承諾照顧：主人承諾照顧地理師後半生，先人下葬靈穴後，地理師果然失明。3、臭羊肉事件：主人起初頗厚待

---

[54]　張子曲：〈燕子歸巢的傳說〉，原載《晉江鄉訊》221 期，轉引自福建僑聯網，2004 年 1 月 27 日，網址：http://www.fjql.org/qxgj/e480.htm。

地理師，但日久怠慢，竟以跌落糞坑的臭羊肉款待之。4、整修墓穴：地理師知後大怒，決心報復，乃告知主人須整修墓穴。5、開挖墓穴：墓穴內有七鶴戲水，開挖後即振翅飛走。6、墓水洗眼：主人見狀大驚，隨手抓住一隻；而地理師趁亂以墓水洗眼，重見光明後離去。7、跛腳狀元：主人雖抓下一隻鶴，但卻弄傷其腳，以致後代僅出一位跛腳狀元[55]。此一「基本型」顯然是在「臭羊肉事件」後，再加上「跛腳進士」的情節，並附會在當地張百萬、蔡廷蘭等名人身上。另外，如台南玉井的歲進士張果確[56]、台南新化的武進士吳士邦[57]、金門進士蔡復一[58]、高雄楠梓的錢家[59]、台南後港許侃德[60]等地方名人，也皆有類似的故事。

　　不過，仔細分析這些「跛腳進士」型的故事，並非都含有「臭羊肉事件」的情節，如再與上述〈郭聖王〉及〈燕子歸巢〉的傳說相比較，則可推測「跛腳進士」與「臭羊肉事件」原來應屬兩個不同的故事，但因兩者皆有一「地理師」的共同元素，因此在傳述的過程中逐漸結合在一起，形成「地理師／臭羊肉／跛腳進士」的新組合。這從〈林半仙〉故事的演進過程，早期的「林版」、「涂版」並無「跛腳進士」情節，到後來的「光版」、「陳版」則有此情節，似亦可得到佐證。

---

[55] 姜佩君：〈澎湖的七鶴穴傳說〉，收入中山大學中文系主編：《民俗與文學學術研討會論文集》（高雄：復文書局，1998 年），頁 505-519。

[56] 吳新榮：《震瀛採訪錄》（台南：台南縣政府，1981 年），頁 75-76。

[57] 林培雅：〈吳進士〉，收入胡萬川編：《台南縣閩南語故事集》第 5 冊（台南：台南縣文化局，2001 年），頁 116-138。

[58] 唐蕙韻：〈蔡復一的故事〉，收入楊加順編：《金門民間文學集‧傳說故事卷》（金門：金門縣文化局，2006 年），頁 118-121。

[59] 林培雅：〈跛腳秀才〉，收入胡萬川編：《鳳山市閩南語故事集（一）》（高雄：高雄縣立文化中心，1999 年），頁 46-55。

[60] 許獻平：〈地理師與跛腳秀才〉，《聯合報》鄉情版，1997 年 8 月 19 日。

（五）破「老婆顯胯」穴

此一情節乃林半仙破壞廖家風水的第二步。「老婆顯胯」穴究竟為何？精通堪輿的「陳版」有所解釋：其山形似三台山，如一美女躺著，胸部突起，兩腿張開，雖然結穴，但乃「貴中反賤」之穴[61]。因此，林半仙要賣豆花男子到此墓穴作性交狀，再將代表男人精液的豆花倒入，顯然有意藉此淫穢舉動來褻瀆風水，使廖家婦女人變得淫猥，徹底敗壞其門風。

民間故事大多在反映社會底層的思想與情感，較不受儒家禮教的約束，故常有些看似「不雅」的情節。除上述淫穢風水的情節外，沬兒的〈台南邱懷舍〉中亦有買「人中白」的情節，略以：邱懷舍為捉弄無家可歸的浮浪者（羅漢腳），要他們將「人中白」（精液）注入杯中，按次行賞。浮浪者為了要賞錢吃飯，只好爭相解開褲帶自瀆，終於搞得腎虛氣弱，潦倒不堪[62]。另外，黃得時的〈國姓爺北征中的傳說〉中亦有一不雅情節，略以：鄭成功在進攻噶瑪蘭時，發現海上有一烏龜精，乃開砲將其炸死，成為龜山島，被炸的洞穴也形成小湖。有一天當地婦女覺得下體莫名奇妙的癢起來，大家面面相覷，十分難堪。後來，某個敏感的婦女看見有男人拿著竹竿在此一小湖翻攪，她感覺這應是原因所在，故跑去搶下竹竿，下體奇癢立刻停止，高漲的慾火亦冷卻下來[63]。這些帶有淫穢色彩或性暗示的故事情節，反映先民的質樸性格與率真情感，但隨著社會教育與文化的發達，加上傳述者為顧及兒童或女性聽眾，這類猥褻的故事情節逐漸略去不講，而發生流傳中斷的現象。邱懷舍買「人中白」

---

[61] 陳啟銓：《林半仙風水傳奇》，頁36。
[62] 沬兒：〈台南邱懷舍〉，《第一線》，1935年1月6日，頁15-16。
[63] 黃得時：〈國姓爺北征中的傳說〉，《臺灣民間文學集・故事篇》，頁98-99。

的情節，只出現在最初的沫兒版本；鄭成功與龜山島的傳說，今僅
存前半部，後半部情節也極少看見；同樣的，破「老婆顯胯」穴的
情節，僅存在於「李版」與「光版」，「陳版」另成一個故事，「涂
版」及「藜版」則未提及，此與前四段情節相較，留存的比例最低；
凡此皆顯示民間故事中猥褻情節的流傳程度，確實不及一般情節。

　　此一情節也是林半仙形象由正面轉向負面的關鍵所在。雖然廖
某忘恩負義在先，招致林半仙的報復，乃咎由自取，怨不得人；但
林半仙此一報復手段，亦不無過當之處。傳統社會以「淫」為萬惡
之首，加上固有的守節觀念，故對於淫蕩婦女最為鄙視；林半仙藉
此一淫穢方式來破壞風水，致使廖家婦女變得淫蕩，徹底敗壞其家
風，報復手段實為狠毒。照理說，林半仙為林園農民開鑿泉水，農
民也建「清水祠」來奉祀他，應該是林園人所感戴的傳奇人物；然
而，在「涂版」的後段故事中，林半仙卻變成一個充滿忌妒與怨恨
的壞心人，如「一劍斬斷鯉魚山」中寫道：「半仙性情怪僻，為人
存心不良，如果對他不好，他就找你麻煩，結果沒有人去請他幫忙，
日久他就被地方的人厭棄了。」[64]在「敗壞七星火豚舍」中則描寫
林半仙因先前看風水的主家發財，便由忌妒變為怨恨，用欺騙的手
段破壞其風水；在「棺材埋在剪刀內」中亦描寫林半仙生也要害人，
死也要害人，最後設計將自己葬在剪刀穴的螺絲處，果然敗壞林園
的風水[65]。這些對林半仙的負面描寫，至今仍流傳於林園地區[66]，

---

[64]　涂麗生、洪桂己：〈林半仙〉，收入陳慶浩、江秋桂主編：《中國民間故事全
　　　集・臺灣省》，頁98。
[65]　同上註，99-102。
[66]　如當地傳說剪刀穴的螺絲處，位於林園北郊老街出口與鄉公所間的交叉路
　　　口處，即今蔣公銅像位置，乃林園人為了避邪消厄而改立。詳見黃健君：〈戲
　　　說林園（四）林半仙傳奇〉，網址：http://www.linyuan.gov.tw/ourslinyuan/
　　　person/story/4.%E6%9E%97%E5%8D%8A%E4%BB%99%E5%82%B3%E5
　　　%A5%87.doc

且都發生在破壞廖家風水之後，顯示此一情節應是其形象轉變的關鍵所在。

五、結語

俗諺有云：「一命、二運、三風水、四積陰德、五讀書。」先民面對難以解釋的人生境遇及成敗榮辱，除宿命地歸諸命、運之外，風水也常被認為是重要的決定因素。清代臺灣的漢人社會主要由閩南移民所組成，除承襲原鄉的風水習俗外，移墾初期所面對海難、天災、瘴癘、疾病、番害、械鬥等威脅，都使臺民內心充滿無常與恐懼，也更助長本地的風水迷信。透過流傳民間的〈林半仙〉故事，吾人看見先民「成也風水，敗也風水」的強烈信仰，也感受到傳統社會對於堪輿名師的愛恨糾纏，實為清代臺灣社會的風水信仰做了真實的見證。

除了見證早期臺灣社會的風水信仰外，〈林半仙〉故事也反映了先民的報恩思想與道德觀念。「報恩」乃傳統社會最重視的美德，也是民間故事中最常出現的主題[67]。林半仙因貧農的真誠相助，而以開鑿泉水相報，體現施恩與報恩的可貴；廖某背棄林半仙的恩情，而欺以臭羊肉，最後招致無情的報復，則是對忘恩負義者的強烈譴責。不過，林半仙最後以淫穢手段進行報復，則又違背社會的道德情感與「罪／罰」的比例原則，也為自己留下負面的評價。

林衡道曾指出：「臺灣的民間傳說，大部分都是將大陸之民間傳說完完整整的移植過來，世世相傳而保持於不墮。但其中一部

---

[67] 施翠峰曾指出報恩故事佔道德性民譚的最大部分，且其中有頗多故事的報恩主角為動物，顯然藉此喚醒人類報恩的良知。（詳見施翠峰：《臺灣民譚探源》，頁 15-24）

分，以大陸的民間傳說為其原型、藍本，加以本地的自然景觀、歷史事件、民情風俗，改編而成的亞型、變型。」[68]〈林半仙〉故事顯然屬於後者。從本文就「基本型」各段故事的分析來看，〈林半仙〉的原型應由閩南地區的〈萬提督葬父〉、〈劍泉〉、〈郭聖王〉、〈燕子歸巢〉等故事所組成，但故事主角已替換為堪輿師林半仙，故事背景也變成清代臺灣的鳳山一帶。這些不同故事情節的串連融合，創造出「地理師／臭羊肉／跛腳進士」的新組合，也構成臺灣地區風水與地理傳說的重要類型。因此，從「吸納──融合──創造」的過程來看，〈林半仙〉故事展現出民間集體創作的成果，也將民間故事的變異性與生命力表露無遺。

　　以嚴格的學術標準來看，來自田野調查的「民間口傳」才是真正的民間文學[69]；但囿於目前缺乏此類口傳資料，本文僅能以五個主要的文字版本作為研究的材料，初步探討〈林半仙〉故事的形成、演變及其思想內涵，期待未來能進行實際的田野調查與採錄工作，以逐步深化此一民間故事的研究。

---

[68] 林衡道：〈臺灣的民間傳說〉，《漢學研究》8 卷 1 期（1990 年 6 月），頁 665。
[69] 胡萬川：〈真假之辨──有關民間文學流傳與研究的一個論辯〉，《民間文學的理論與實際》，頁 120-121。

報恩、報仇與報應

──臺灣民間故事〈林半仙〉再探

一、前言

　　〈林半仙〉是高屏地區流傳甚廣的民間故事，主要在描述堪輿名師林半仙的來臺緣由及其在鳳山一帶的神奇事蹟，內容略以：「中國某總兵因其父草葬鳳鼻頭，乃吩咐舅父與堪輿師來臺檢骨遷葬。林半仙發現此地風水絕佳，力主不宜變動，但舅父及其他堪輿師執意檢骨帶回，終招致厄運。滯留鳳山的林半仙，為感激農民請他吃蕃薯湯，乃作法告祭，湧出活泉，解決當地灌溉問題。林半仙又為廖姓窮人覓得『老婆顯胯』、『金面盆穴』兩處風水，廖某本來答應要照顧因此失明的林半仙，但後來卻拿臭羊肉來款待，使他決意報復。林半仙告訴廖家需要修理墓穴，乃拔劍插墓，以湧泉拭眼復明，『金面盆穴』卻因此破壞，廖家回復貧窮。他又懲愚賣豆花男子，到廖家的『老婆顯胯』穴作性交狀，廖家婦女從此淫猥，家風敗壞。」[1]

　　筆者曾著有〈臺灣民間故事「林半仙」初探〉一文[2]，主要在探討此一故事的版本、背景及其內容的形成、演變，同時也指出其

---

[1]　李獻璋：〈林半仙〉，收入《臺灣民間文學集‧故事篇》（台北：龍文出版社，1989年），頁55-67。

[2]　拙著：〈臺灣民間故事「林半仙」初探〉，《高市文獻》20卷3期（2007年9月），頁145-162。

反映了先民的報恩思想，不過並未有深入的論述。後來經過沉澱與思索，筆者發現〈林半仙〉不僅含有報恩精神，尚表現出報仇與報應的思想，「報」乃是貫穿整個故事的中心主軸，實有進一步討論的必要。

　　「報」乃中國社會一個常見而重要的概念，現代學者正式研究始於廿世紀五〇年代著名史學家楊聯陞的〈報——中國社會關係的一個基礎〉[3]一文，他從中國歷史文獻來討論「報」的起源、持續與影響，並指出此一觀念應用於各種不同的社會關係，包括早期的游俠、儒家的「五倫」、人與天的關係上，且隨著身分不同而有不同標準。八〇年代社會及行為科學研究者也開始關注到「報」的觀念，文崇一的〈報恩與復仇：交換行為的分析〉[4]一文，分析中國歷代史籍有關報恩與復仇的例子共一百餘個，指出這兩種行為的基本原則為「來而不往，非禮也；此仇不報，非君子」，且與「家」有密切關係，具有強烈的倫理觀念，並為社會所承認與肯定。此外，張老師月刊社曾邀請韋政通、文崇一、黃光國、楊國樞等學者對「報」的觀念與行為進行座談，主要討論傳統「報」的內涵及其在現代社會的轉變與價值[5]。九〇年代則有劉兆明的〈「報」的概念及其在組織研究上的意義〉[6]一文，主要比較「報」與西方社會交換論（social exchang theory）、互惠（reciprocity）、負債感（indebtedness）等概

3　楊聯陞：〈報——中國社會關係的一個基礎〉，收入中國思想研究委員會編：《中國思想與制度論集》（台北：聯經出版社，1981 年），頁 349-372。
4　文崇一：〈報恩與復仇：交換行為的分析〉，《歷史社會學》（台北：三民書局，1995 年），頁 215-244。
5　詳見張老師月刊編輯部編：《中國人的世間遊戲：人情與世故》（台北：張老師月刊，1990 年），頁 5-34。
6　劉兆明：〈「報」的概念及其在組織研究上的意義〉，收入楊國樞、余安邦編：《中國人的心理與行為：理念及方法篇》（台北：桂冠圖書公司，1994 年），頁 293-313。

念的差異，並指出它在工作動機、領導、人情世故、組織型態、社會變遷等主題研究上的意義。晚近尚有大陸學者翟學偉的〈報的運作方位〉[7]一文，他指出「報」是一種封閉性的交換方式，與開放性及非交換性的「義」成對比，它具有送禮與還禮、行為或事件上的互惠或互助、信仰上的祈求與保佑等三個層次。

　　上述有關「報」的研究，雖然「大多只是在整理中國歷代典籍或西方社會科學文獻中的觀念」[8]，但已經初步建立理論的基礎；本文即在此基礎之上，探討〈林半仙〉故事中「報」的觀念與行為。民間故事乃在下層社會流通的口傳文學（Oral Literature），雖然不如上層社會的文人作品受到重視，但卻最能夠反映普羅大眾的思想與情感。因此，本文希望透過對臺灣民間故事〈林半仙〉的分析，探討「報」的觀念在早期臺灣常民社會的表現特徵、內涵、意義與價值，一方面嘗試將民間文學與社會科學的研究相結合，另方面也將「報」的研究擴及到臺灣傳統社會，藉以瞭解在此一時空背景下「報」的共通性與特殊性。

二、報恩思想

　　報恩是中國傳統社會一個重要觀念，早在戰國時代即不乏報恩實例[9]，漢代的劉向更將其提升為道德的標準，曰：「唯賢者為能報恩，不肖者不能。」[10]且進一步推及至君臣關係，以此作為德政的

---

[7]　翟學偉：〈報的運作方位〉，引自社會學人類學中國網，2007 年 7 月 26 日，網址：http://www.sachina.edu.cn/Htmldata/article/2007/07/1409.html

[8]　劉兆明：〈「報」的概念及其在組織研究上的意義〉，頁 312。

[9]　根據文崇一的研究，計有豫讓、蘇秦、齊舍人、范睢等八例。（詳見氏著：〈報恩與復仇：交換行為的分析〉，頁 238）

[10]　劉向：《說苑・復恩》卷 6，收入羅愛評編《百子全書》（台北：黎明文化

基礎，曰：「夫臣不復君之恩，而苟營其私門，禍之原也；君不能報臣之功，而憚刑賞者，亦亂之基也。夫禍亂之原基，由不報恩生也。」[11]隨著佛教傳入中國，報恩思想更與三世因果報應之說結合，滲透入廣大民心，而成為上、下層社會所共同接受的觀念。

在中國的民間故事中，報恩也是最常見的主題，分為三大類型：一為正面肯定報恩的美德，以「動物報恩」的故事最為發達，包括有隋侯珠、楊寶救雀、感恩鳥等「送寶型」；田螺姑娘、白蛇傳、龍女等「婚戀型」；蜈蚣、青蛇、狗報恩等「動物捨身救護恩人型」[12]。二為負面譴責忘恩負義的行為，最為人所知為「中山狼」的故事。三為兼顧正面與負面的表述，如〈寶船〉的故事，敘述好心人在洪水中救助動物與人，動物均能感恩圖報，人卻反而恩將仇報，藉此對比來呈現報恩的可貴[13]。有趣的是，這些故事中報恩者的角色，絕大多數都是動物，實在強調低等的動物都懂得報恩，偏偏世間常有忘恩負義之人，真是連禽獸都不如。

臺灣的民間故事中，報恩亦為一重要主題。施翠峰曾分析其蒐集的民間故事，指出「含有道德意義的民譚約佔所有民譚的四分之一，而且這麼多道德性民譚中，佔最大份量的首推報恩故事。」[14]他所舉出〈蛇酒〉及母鳶、螞蟻、蜜蜂報恩等故事，是屬於上述第一類型故事，從正面肯定人與動物報恩的美德；「殺猴挖心」的故事則是描述某人為討好新娘，竟殺掉曾經相助的猴子，並殘忍地取

事業公司，1996 年），頁 1415。
[11] 同上註，頁 1399-1340。
[12] 顧希佳：〈滴水之恩，湧泉相報——「蜈蚣報恩」故事解析〉，收入劉守華主編：《中國民間故事類型研究》（武漢：華中師範大學出版社，2002 年），頁 161-170。
[13] 詳見劉守華：〈同舟共濟人與獸——「感恩的動物忘恩的人」故事解析〉，同上書，頁 161-170。
[14] 施翠峰：《臺灣民譚探源》（台北：漢光文化，1985 年），頁 15。

其心，藉以譴責人的忘恩負義，屬於上述第二類型。至於第三類型的故事較為罕見，本文所要討論的〈林半仙〉即是少數從正、負面闡揚報恩精神的民間故事。

在〈林半仙〉的故事中，有關報恩的情節出現在兩處。一處是描寫滯留在台的林半仙，有天雲遊到鳳山的西邊，一群農民主動招呼他吃番薯湯。林半仙深受感動，尤其想到之前所見傲慢的富農，更使他決定報答這群熱心的貧農。他看到貧農為缺水而苦，遂作法告祭，以靈劍刺向山腰，果然湧出泉水。他並叫農民向前奔跑，泉水也隨其腳步奔湧，順利解決當地灌溉的問題，農民乃建「清水祠」紀念林半仙的功績[15]。

在此一情節中，林半仙的報恩行為起因於貧農的熱心招待；雖然農民與林半仙素昧平生，所招待的也只是低賤的番薯湯，但卻是報恩的關鍵所在。翟學偉曾分析報恩分為兩種：一為上給予下的好處，如不同階層、貧富家庭或強弱者之間的正向支持，屬於常態的恩情；一為意外的、難得的、超出預見的或令人感動的好處，如家道敗落、英雄落難、路見不平、救人一命等機會導致僕人、部下、路人、郎中等下層人反過來成為施恩人，屬於非常態的恩惠[16]。林半仙雖只是個堪輿師，但擁有高超的風水知識與技術，地位遠在貧窮農民之上，因此農民所施予的乃是非常態的恩惠，更顯得難能可貴。另外，農民施予的番薯湯雖然低賤，但作為交換的事物，其關鍵不在是否昂貴，而在於能否解決問題；對於四處流浪、飢腸轆轆的林半仙而言，低賤的番薯湯解決其當下飢餓問題，其價值自不能以金錢來衡量，尤其是對照富農的傲慢，番薯湯所帶給人的感動更是無法計量，這也是林半仙會「湧泉以報」的原因。

---

[15] 李獻璋：〈林半仙〉，頁 56-59。
[16] 翟學偉：〈報的運作方位〉，頁 4。

　　又根據匹茲堡大學心理學家 Martin S. Greenberg 所提出的感恩理論（A Theort of Indebtedness），認為當一個人受到別人恩惠時，內心會有欠負的感覺，因此產生強烈回報的衝動；而有幾組因素會影響感恩圖報的程度，包括（一）當受施者認為，施恩者的助人動機是出自關心受施者的利益，而非出自施恩者本身的自利動機時，受施者感恩圖報的程度會愈強。（二）受施者認為，當施恩者幫助他，若其動機是出自本身的意願，而非出自他人請求、角色義務或其他因素時，受施者感恩圖報的程度會愈強[17]。依此衡之，施恩者農民與受施者林半仙本素昧平生，彼此之間並無任何請求或義務關係，農民也不知道林半仙身懷風水絕技，主動招待番薯湯僅是出於人與人之間的關懷，並非有任何自利的動機，故林半仙感恩圖報的程度也就特別強烈，即使只是受人低賤的番薯湯，也要以珍貴、豐沛的灌溉泉水來回報。

　　另一處報恩情節是描述林半仙為廖姓窮人找到「老婆顯胯」與「金面盆穴」兩處好地理，廖某在此葬下祖先遺骸後，果然大富大貴，但林半仙卻因此而失明。富貴的廖某依先前約定妥善照顧林半仙，林半仙起初也頗為滿意，但有一天從丫鬟口中得知，廖某竟以掉入糞池的羊兒來款待他，林半仙甚為憤怒，遂展開後來的報仇行動[18]。

　　此一情節乃從負面譴責廖某忘恩負義的行為，因而招致林半仙的報仇。根據上述 Martin S. Greenberg 的感恩理論，也指出受施者感恩圖報的強度乃是受施者獲得的淨利及施恩者付出的代價之和，可以一方程式來說明：I=B+C。I 為受施者感恩（Indebtedness）的強

---

[17]　黃光國：〈報的個體與群體〉，收入張老師月刊編輯部編：《中國人的世間遊戲：人情與世故》，頁 21-22。

[18]　李獻璋：〈林半仙〉，頁 60-64。

度，B 為其所獲淨利（Benefit），C 為施恩者付出的代價（Cost）[19]。就此一情節而言，受施者廖某所獲得的淨利（B）乃是其個人及數代子孫的富貴，施恩者林半仙付出的代價（C）則是終身的失明，照理說廖某感恩圖報的強度（I）應該極高，但他的報恩行為卻未持續太久，尤其欺負林半仙失明而以臭羊肉款待，更令為廖家付出失明代價的林半仙難以忍受。因此，廖某不僅受人大恩而不知回報，且又嘲弄施恩者所付出的沉重代價，後來招致林半仙以強烈手段報仇，實是咎由自取，怨不得人。

值得注意的是〈林半仙〉故事中，不論是施恩不期望報償的貧農，還是「受人點滴之恩，必湧泉以報」的林半仙，雖然都只是下層社會的人物，卻已具備「義」的道德規範。相反的，不論是傲慢的富農，還是富貴後的廖某，雖然具有較高的社會及經濟地位，但卻不知施恩，甚至忘恩負義，無怪乎林半仙會感嘆：「衣食足而後知禮義，哼！怎麼吃蕃薯度日的，倒比吃白米的還要親切？」[20]其實，孔子有曰：「禮失而求諸野」，上層社會日漸消失的禮義道德，有時反而在下層社會獲得保存，這常在民間故事中有所反映；而隨著民間故事的傳播，又將禮義道德深入廣大民心，維繫住下層社會的穩定秩序，其教化功能可見一斑。

三、報仇思想

中國社會的報仇思想起源甚早，《周禮・地官》有曰：「愛惡相攻，則忿心生，故有以一日之忿，而為終身之讎。睚眥必報，雖死

---

[19] 黃光國：〈報的個體與群體〉，頁 22。
[20] 李獻璋：〈林半仙〉，頁 57。

無恨。」[21]戰國時代興起的游俠尤常見報仇的行為，不僅對傷害自己或親人者加以報復，也幫助施恩者完成報仇的心願。秦漢之後，政府開始限制游俠的活動，報仇行為也被禁止，但報仇的案例仍歷歷可見[22]，甚至有許多人復仇之後投案，官吏不但未依法處置，反而加以縱放與讚揚，也助長了報仇的風氣。宋代胡寅曾曰：「復讎，因人之至情，以立臣子之大義也。讎而不復，則人道滅絕，天理淪亡。」[23]顯然報仇已被提升到合乎情理的道德行為，因此受到社會的默許，甚至讚揚與鼓勵，以致迄今報仇行為仍時有所聞。

報仇觀念會在中國社會流行，一方面是社會存在強、弱兩個階級，強者常以其經濟優勢或社會地位來欺壓弱者；另方面則是缺乏公正的司法體系，加上貪贓枉法的官吏為數頗多，以致當平民百姓受到豪強的欺壓，又無法從司法得到救濟，自然會走上私人報仇一途。在中國民間故事中，有兩則流傳甚廣的故事〈小雞崽報仇〉及〈八哥鳥報仇〉[24]，雖然都以動物為主角，卻頗能反映上述傳統社會報仇流行的原因。〈小雞崽報仇〉描述狐狸吃掉小雞與母雞，公雞聯合自己的伙伴木棒、針、瓦片、大馬蜂等通力合作，終於使狐狸摔死，順利報仇。在此一故事中，弱小的公雞為凶狠的狐狸所欺壓，實為傳統社會以強凌弱的縮影，在無人主持正義下，牠只能聯合其他弱小伙伴，戰勝強敵，報殺妻兒之仇，令人感到驚奇而又親切。〈八哥鳥報仇〉則敘述八哥鳥為報恩，到財主家叼一金釵救助

---

21 轉引陳夢雷原編、楊家洛類編：《古今圖書集成‧交誼典‧恩讎部》卷116（台北：鼎文書局，1977年），頁1141。

22 詳見文崇一：〈報恩與復仇：交換行為的分析〉，頁240-242。

23 轉引陳夢雷原編、楊家洛類編：《古今圖書集成‧交誼典‧恩讎部》卷116，頁1146。

24 有關這兩則故事的內容與討論，詳見劉守華主編：《中國民間故事類型研究》，頁76-87、152-161。

小孩。小孩拿去典當，被抓入衙門，供出八哥。八哥飛到公堂辯冤，縣官命衙役拔掉八哥身上之毛。八哥逃到城隍廟，躲到神像之後，冒充城隍訓斥縣官，並叫和尚拔其鬍鬚，以報先前拔毛之仇。在此一故事中，縣官不辨是非，硬加罪於八哥，反映傳統社會司法不公的現象，八哥最後假借神明之力，報司法迫害之仇，實有大快人心之感。

　　早期臺灣社會報仇之風尤盛，且手段至為殘忍，如道光年間任臺灣縣教諭的謝金鑾曾記載泉、漳之間的報仇，曰：「若泉之同安、漳之漳浦，冤家固結，多歷年所。殺父、殺兄之讎，所在多有。甚或剟及數代之祖墳，出其骸，鬻諸市，題曰『某人之幾世祖骨出賣』；列諸墟，眾仍觀之。此其不共戴天，非國法所能止。」[25]公然以如此殘忍手段報仇，民眾卻爭相圍觀，官府也莫可奈何，顯見當時報仇風氣之盛行。會造成此一風氣，主要原因有三：一為閩南移民衝動暴烈的性格，如謝金鑾所言：「泉、漳之民，性極拙而易怒。拙則闇於利害，而無遠圖。易怒，則不可磯也；不可磯，則少屈抑，而發之暴矣。」[26]此一性格容易與人結怨，也必定是有仇必報。二為強烈的祖籍與地域觀念，不同的省籍、府籍或縣籍之間，常因細故結仇，最後演變成大規模的分類械鬥，使報仇行為愈演愈烈。三為清代臺灣的吏治至為敗壞，曾為人所批評曰：「各省吏治之壞，至閩而極；閩中吏治之壞，至臺灣而極。」[27]如此不良的吏治，自然無法主持正義，亦難為人民所信任，勢必只能走上報仇一途。

---

[25] 謝金鑾：〈泉漳治法論〉，收入丁曰健編：《治臺必告錄》（台北：臺灣銀行經濟研究室，1959 年），頁 102。

[26] 同上註，頁 98。

[27] 徐宗幹：〈答王素園同年書〉，收入丁曰健編：《治臺必告錄》，頁 349。

　　在〈林半仙〉故事中，有關報仇的情節發生在林半仙知道廖家以臭羊肉款待後，決心展開強烈的報仇行動。他佯稱廖家的墓地需要修理，以白劍從「金面盆穴」前插下，泉水湧出，他以泉水拭臉，雙眼頓時復明，廖家卻從此由富轉貧。林半仙又慫恿賣豆花的男人，只要到廖家的「老婆顯胯」墓前作性交狀，再將豆花倒入墓龜，則必可得到女人。賣豆花的男人依此照作，廖家女人果然變得個個淫猥，家風也從此敗壞[28]。

　　廖某不知感恩圖報，遭到林半仙無情的報復，實是罪有應得；不過，林半仙一得知吃到臭羊肉，當下即決意報仇，也將閩南移民的衝動性格表露無遺。這樣的性格也出現在臺灣「雞肫曆型」的風水傳說中，內容描述工匠為一戶人家蓋新房，主人知道他愛吃雞肫，每天都將雞肫留下。工匠一直吃不到雞肫，懷恨在心，乃在樑柱上畫「大船載出」的圖案，要讓主人家道中落。後來完工時，主人送工匠一包烘烤好的雞肫，工匠才發現錯怪主人，趕緊又畫上「小船載入」加以補救[29]。工匠衝動的性格險些造成好心主人的傷害，所幸後來及時補救，終能以圓滿收場；而林半仙則在衝動性格下，又帶有幾分陰狠，一步步遂行其報仇計畫，終使廖家身敗名裂。

　　廖家因林半仙所找到的風水而大富大貴，林半仙甚至付出失明的代價，今廖家違背照顧一生的承諾，林半仙將先前付出的一一收回，也是合情合理。不過，林半仙除破壞「金面盆穴」，讓廖某回歸貧窮外，又慫恿賣豆花男人污穢「老婆顯胯」，徹底敗壞廖家門風，則顯然有過激之處。拜風水之賜，廖家從貧窮人家變成子孫中

[28]　李獻璋：〈林半仙〉，頁 64-67。
[29]　此一類型故事主要流傳在臺灣中部，詳見簡齊儒：〈支付與回報、試煉與公理——從「社會交換論」觀點探析臺灣地理師風水傳說〉，《興大人文學報》33 期（2003 年 6 月），頁 188-189。

舉的富貴人家，雖然地位提升，卻未有道德的增減；但林半仙以淫穢手段，讓廖家婦女變成為人鄙視的淫婦，不僅奪其富貴，更毀其道德，實已超出廖家應償還的代價，而流為林半仙個人的洩憤行為。

　　傳統社會雖然對於報仇行為有所默許，甚至讚揚與鼓勵，但這與「為誰報仇」有密切關係。文崇一曾分析中國歷代七十七個報仇案例，其中為母親報仇十次，為父親三十八次，為祖父二次，為叔伯三次，為兄弟及從兄弟十一次，以上合計共六十四次，佔總數近八成；而為自己報仇者僅有十次，約佔一成，顯見為親屬報仇，尤其為父母報仇的案例最多，也最為社會所接受[30]。上述所舉謝金鑾記載泉、漳之間的報仇，雖有毀墳、辱屍等殘酷行為，但社會亦能接受，實亦與不共戴天的「殺父、殺兄之讎」有關。因此，林半仙的報仇行為會受到非議，導致其形象由知恩圖報的大善人變成充滿忌妒與怨恨的壞心人[31]，除了以毀人道德作為報仇的手段外，只是為其個人報仇，而非為父母血親報仇，正當性較為欠缺，也是社會難以接受的原因所在。

四、報應思想

　　中國自古即有相信自然或神的報應觀念，如《尚書》所曰：「天道福善禍淫」及「上天孚佑下民，罪人黜伏」。傳統社會相信報應是降在家族身上，如《易經》所曰：「積善之家，必有餘慶；積不善之家，必有餘殃」；俗諺亦云：「兵興之家，不過三世」。西漢末年，佛教傳入中國，帶來「業」（karma）報及輪迴的觀念，說明果報不但及於今生，且可延續到來世。在經過一段外來與本土報應觀

---

[30] 文崇一：〈報恩與復仇：交換行為的分析〉，頁 227-228。
[31] 詳見拙著：〈臺灣民間故事「林半仙」初探〉，頁 160。

念的調和過程後，唐、宋以降的中國社會已普遍接受神明報應是應在家族身上，並且可以延續至來世。另外，東晉葛洪的道教著作《抱朴子》強調報應的機械化與量化觀念，並主張命運是可以透過為善補惡來改變的；這些觀念也經由宋代通俗善書〈太上感應篇〉及〈功過格〉的大加宣揚，而為廣大庶民所信仰[32]。

在中國民間故事中，有很大部分是在闡揚善惡報應的觀念，如〈狗耕田〉、〈石門井〉、〈太陽山〉等故事，都是以兩兄弟為主角，好心的弟弟因意外或外物幫助下得到財富，壞心的哥哥也想有樣學樣，卻反而招致懲罰[33]。又如〈斷手姑娘〉故事，描述一個姑娘受到壞心繼母的迫害，還被砍斷雙手，後來獲得公子相救，兩人不僅結成連理，考上狀元的公子也將繼母處死；〈奪妻敗露〉故事，則敘述某人為奪人之妻，將其人推入水中溺死，死者臨死前指著水泡說：「他日當以此為證！」凶犯巧言掩飾，果然騙取死者之妻為妻。多年後，凶犯見庭中積水水泡，不禁得意說出當年真相，妻乃憤而告官，終將此人正法[34]。這些故事都具有「善有善報，惡有惡報，不是不報，時候未到」的意義，經由廣大民眾的口耳相傳，一方面勸戒世人為善去惡，因為因果報應，屢試不爽；另方面則安慰受到欺壓而無處救濟的弱小群眾，作惡者終將得到報應；對於建立民間的道德規範，維繫下層社會的穩定，都有重要的價值。

在臺灣報應主題的民間故事亦佔很高的比例，施翠峰即指出具有道德意義的民譚中，最多為感恩類型，其次就是善有善報、惡有

---

[32]　上述報應觀念的演變，詳見楊聯陞：〈報──中國社會關係的一個基礎〉，頁 357-360。

[33]　有關這三則故事的內容與討論，詳見劉守華主編：《中國民間故事類型研究》，頁 299-323、537-547。

[34]　詳見顧希佳：〈多行不義必自斃──「奪妻敗露」故事解析〉，同上書，頁 680-692。

惡報，帶有懲惡勸善意義的類型[35]。因果報應也是貫穿〈林半仙〉
故事的重要主題，如上述林半仙為鳳山貧農開闢水源的情節，雖然
重點在強調林半仙的感恩圖報，但也含有貧農因善心助人，而獲得
善報的意義。另外，尚有兩處是與報應有關的情節，且都牽涉到風
水，一處是在故事開頭，描述有一牽罟為業的窮人，死後被草葬在
鳳鼻頭的田中。後來他的兒子當上中國總兵，想到先父草葬海外，
心有不安，乃派其舅父及兩位地理師來臺灣檢骨，俾帶回內地安
葬。兩位地理師之一的林半仙，發現此一墓地的風水甚佳，堅持不
肯檢骨，其他兩人則擔心無法覆命，還是將屍骨掘起帶回。後來這
兩人在回程中發生船難，總兵也因故而亡[36]。

　　風水是中國傳統社會的重要習俗，在閩、粵及臺灣地區尤為盛
行。此一習俗本具有儒家慎終追遠的意義，但後來受到道教的風水
說影響，墳墓成為子孫邀利求福的對象，認為只要在障風向陽的吉
地埋葬祖先、父母的枯骨或屍體，不僅能夠安定父祖之靈，而且能
夠得其陰澤，使後代幸福、繁榮[37]。英國人類學家 Maurice Freedman
曾經就漢人社會的風水習俗進行研究，他指出中國人因相信風水，
故把祖先骨骸當作傀儡一樣利用，按照風水師指示安葬吉地，藉以
庇蔭子孫；但他也提出天理(principle of Heaven)重於地理(principle
of Earth) 的說法，主張是天理而非風水才是影響子孫吉凶休咎的
最終因素，風水只是報應的手段而已。國內學者葉春榮也根據台南
山區村落的調查所得來支持 Freedman 的說法，他指出當地人相信
好風水會庇祐好子孫，壞風水則會致禍子孫，這完全是風水、報應

---

[35] 施翠峰：《臺灣民譚探源》，頁 15。

[36] 李獻璋：〈林半仙〉，頁 55-56。

[37] 曾景來：《臺灣的迷信與陋習》（台北：武陵出版公司，1998 年），頁 205。

的機械式反應；但一個人會得好風水或壞風水，則是由「善有善報，惡有惡報」的天理來決定[38]。

　　再回到上述情節，主要是在強調風水的靈驗，牽罟窮人的好風水庇祐兒子當上總兵，但風水一改變就發生船破人亡的慘劇。如進一步分析，此一情節也隱含善惡報應的觀念。林半仙堅持其風水的專業判斷，不肯遷移總兵父親的骨骸，是一種擇善固執的表現，最後逃過船難一劫，也算是「善有善報」；而另一位地理師或因學藝不精而虛偽執業，或因不敢得罪總兵而違背專業判斷，這些都是不顧職業道德的惡行，最後發生船難，葬身大海，也是「惡有惡報」的下場。

　　另一處與報應有關的情節，則是林半仙在得知吃到臭羊肉後，對廖家所展開的報仇行動。這段情節的重點雖在林半仙的報仇，但也可看到廖某因忘恩負義的惡行，而導致家道敗落的報應，隱含著「惡有惡報」的思想。值得注意的是，有幾個故事版本都加入林半仙挖開「金面盆穴」，內有七隻白鶴飛走，廖家驚訝之餘，倉促出手抓住一隻，卻折斷其一腳，導致廖家後代出了個跛腳進士的情節。此一情節已具有佛教業報及輪迴的觀念，佛教的業報最初是對個人而言，輪迴理論則是應用於人類及所有生物上；廖某的忘恩負義，導致其後代本來可以出七個進士，後來只出個跛腳進士，已將個人的業報擴及到整個家族，符合中國傳統報應的觀念；而抓住一隻白鶴，不慎折斷其腳，導致後代出個跛腳進士，則隱約有佛教中人類與動物可相互輪迴的思想，在中國民間故事中較為少見[39]。

---

[38]　詳見葉春榮：〈風水與報應：一個臺灣農村的例子〉，《中央研究院民族學研究所集刊》88 期（1999 年秋），頁 233-257。

[39]　中國雖有《白蛇傳》、〈螺女〉等動物變人的故事，但都僅是同一世代的變現，而非不同世代的輪迴。

在 Freedman 的風水研究中，肯定祖先的風水會影響子孫的吉凶禍福，但他更強調天理會干預地理，如果不依天理而行，好風水也會被破壞，而招致惡報。同樣的，〈林半仙〉故事也肯定祖先風水對子孫命運的影響，尤其是第一段情節中，總兵的成就及亡命全都是父親的風水所致，似有誇大風水靈驗性之嫌；而第二段情節中，廖某確實因為好風水而大富大貴，但他違背知恩圖報的天理，使風水遭到破壞，導致家族敗落的報應，實亦印證 Freedman 的研究結論：天理重於地理。

五、結語

人類學者李亦園曾指出中國上層社會與下層社會之間，存在一層共通的文化意念，那就是對和諧與均衡的追求，它使兩層社會即使有不同的看法，也表現出許多相同的行為。他並以「報」為例，說明「報恩」、「報仇」、「報答」、「報應」等觀念與行為，都是在追求人與人、人與祖先神靈、人與自然關係間的均衡及和諧[40]。在〈林半仙〉的故事中，林半仙對貧農的報恩、對廖家的報仇，都是在使雙方的人情不相欠，目的在維持人際關係的均衡；而報恩與報仇行為背後的善惡報應，則是人與自然（天）的還報，也形成兩者間的均衡關係。因此，〈林半仙〉雖只是一則流傳下層社會的民間故事，但卻從中看見維持社會關係的重要力量，也找到下層社會與上層社會相通的文化準則，實具有不可忽視的價值。

「報」是中國的傳統觀念，它與西方的交換概念有相通之處，也有許多不同的地方。根據劉兆明的分析：（一）在性質方面，西

---

[40] 李亦園：〈傳統中國宇宙觀與現代企業行為〉，《宗教與神話論集》（台北：立緒文化公司，2004　年），頁 203-204、215-218。

方交換論是一種工具的概念,中國的「報」則尚包含情感性與因果性的成分。(二)就方向而言,西方交換論主要討論正面利益的交換,中國的「報」則包含「報恩」、「報仇」與「善報」、「惡報」等正反兩面。(三)就社會性而言,西方交換論主要在討論個體之間的利益交換,中國的「報」則與「家」有密切關係。(四)在時間向度方面,西方交換論的還報是即時的,中國的「報」則是可以延長至終身,甚至「來生再報」。(五)在回報的「量」方面,西方交換論著重於均衡,中國的「報」則不一定對等,往往報比受的要多。(六)在動機來源方面,西方交換論以「酬賞」來解釋持續性的交換行為,中國的「報」則與道德規範有密切關係[41]。這些差異正是中國「報」的重要特徵及內涵所在,以此來看〈林半仙〉故事中的「報」,林半仙的報恩與報仇、貧農及廖家的善惡報應,都具有正反兩面概念,此其一;林半仙對貧農的「湧泉以報」及對廖家對過度報仇,都不是單純的工具性交換,而含有正負面的情感成分,且回報的量都遠比所受的多,此其二;林半仙的報仇行動,不僅針對廖某個人,也擴及至廖家家族及其後代,與「家」有密切關係,此其三;林半仙對貧農的感恩圖報,及對廖某忘恩負義的報復,都建立在一種道德價值上,此其四;因此,〈林半仙〉雖然只是一則流傳在臺灣社會的民間故事,但其「報」的特徵與內涵卻與中國傳統觀念無有差異。

　　不過,從〈林半仙〉的故事中,也可看到「報」在臺灣傳統社會的特殊表現:(一)早期臺灣屬於移墾社會,教育與文化都不甚發達,報恩觀念反而在下層社會得到較好的保存,成為社會底層的穩定力量。(二)由於閩南移民衝動暴烈的性格,使報仇行為更為

---

[41] 劉兆明:〈「報」的概念及其在組織研究上的意義〉,頁 302-305。

頻繁，且手段也頗為殘酷。（三）由於臺灣的風水習俗盛行，報應時常與風水連結在一起，風水成為一種報應的手段。（四）早期臺灣處於文化邊陲，儒家教化尚未深入，似較能接受人與動物交互輪迴的報應情節。這些報恩、報仇及報應的特殊表現，或許也可以啟發學者對「報」的觀念進行本土化研究的方向。

梓官城隍卓肇昌的傳說探討

一、前言

傳說為民間文學中重要的一環，其範圍甚廣，舉凡歷史事件、人物、山川景物、鄉土特產、生活習俗特徵的由來，甚至種種的靈異事蹟，無不是傳說的範疇。

不同於神話以神為中心、民間故事強調趣味性，傳說則與歷史有密切關係，常伴隨歷史的記載而流傳，如中國歷代的帝王將相、清官奸臣、文人名士，無不有精采多樣的傳說，不僅使這些逝去的歷史人物重新在人們的口耳相傳下活了過來，也為冰冷的官方歷史增添更多的常民想像與生命情感。

相較之下，臺灣囿於開發歷史的短暫，加上長期處於政治與文化的邊陲，自然較缺乏豐富多樣的歷史人物可供傳述，傳說多集中在鄭成功、朱一貴、林道乾、王得祿等少數人身上，遠不及歌謠、諺語、民間故事等其他民間文學類別的精采豐富。

事實上，流傳於臺灣民間的歷史人物傳說當不僅於此，以筆者所在的高雄地區為例，尚有卓肇昌、曹謹、麥朝清等人的傳說，但由於流傳的區域範圍較小，知之者甚為有限，也難以引起研究者的關注，正面臨逐漸流失的危機。有鑑於此，本文即擬以卓肇昌傳說作為研究主題，主要分析其各個情節單元及背後所隱含先民的思想情感與風俗信仰，期能為本地傳說的保存、深化與發展盡棉薄之力。

二、卓肇昌的生平背景

有關卓肇昌生平背景的記載，主要見於清光緒二十年（一八九四）盧德嘉所編纂《鳳山縣采訪冊》的「鄉先正」有傳曰：

> 卓肇昌，字思克，縣庠生夢采子也。由拔貢生，登乾隆庚午賢書。少穎異，能承庭訓。長益岐嶷，好為古文辭，下筆數千言，思汨汨如泉湧。論世知人，具有特識。一時老師宿儒，咸器重之。著有《栖碧堂全集》，藏於家。乾隆二十八年，分修《鳳山縣志》。年五十四卒。[1]

由此可知卓肇昌出身於書香門第，其父卓夢采為縣庠生，《重修鳳山縣志》有傳曰：「卓夢采，字狷夫，縣庠生，性孝友，方正自持，精醫濟人。康熙六十年，朱寇陷縣，賊黨募致之；采曰：『不善不入，昔有名訓』。辭不赴。強脅再三；慮不免，挈家遁鼓山深處居匝月，吟詠自娛。散家貲，給族戚里鄰口糧；戒曰：『寧餓死，毋從賊！』其鄉皆化為良民。知縣陳志泰高其行誼，贈『儒林芳標』額。子肇昌，領鄉薦；孫列膠庠。壽八十終。」[2]可見卓夢采在學問、德行、志節上皆為各方所推崇，堪稱鄉里之間的領袖人物，其子卓肇昌自然也為父老鄉親所矚目。

從上述《鳳山縣采訪冊》的記載來看，卓肇昌為世所重者乃在其學問與文章，尤其自幼天賦異稟，文采出眾，應頗為師長所器重，亦為鄉里所津津樂道。卓肇昌所著之《栖碧堂全集》，今雖已散佚

---

[1] 盧德嘉編纂，《鳳山縣采訪冊》（台北：臺灣銀行經濟研究室，1960年），頁263-264。

[2] 王瑛曾編纂，《重修鳳山縣志》（台北：臺灣銀行經濟研究室，1961年），頁255。

不見，但在文獻史料中仍存有部分詩文，根據《全臺詩》輯錄其詩作高達七十六首，另尚有〈攀桂橋關帝港書院田碑記〉及〈臺灣形勝賦〉、〈鼓山賦〉、〈鳳山賦〉等賦作，創作頗豐，確如傳曰：「好為古文辭，下筆數千言，思泪泪如泉湧。」分析卓肇昌現存詩文，絕大多數為寫景之作，尤其是〈鼓山八詠〉、〈龜山八景〉、〈鳳山八景〉等八景詩，更是將清代南臺灣的風光刻畫無遺，北自鹿耳門、七鯤身，南至琅嶠（恆春）、沙馬磯山（鵝鑾鼻）等地，都留有其詩作。

　　值得注意的是，卓肇昌在描寫地方景物時，對於帶有神奇色彩的傳說頗感興趣，如〈臺灣形勝賦〉有曰：「鳳山有石，忽自開；讖曰：『東南一片石，五百年後，千萬人居之』」、「鼓山有埋金處，樵者嘗拾得，迷路忘歸」、「岡山石洞，古橘一株，石室奇幻；樵者拾橘以歸，再往不知其處」、「仙人山，有縞衣二仙人對奕」等[3]，這些神奇傳說透過卓肇昌筆下而進一步流傳，而卓肇昌本人後來也成為神奇傳說的主角。

　　根據《重修鳳山縣志》所載，卓肇昌於乾隆五年（一七四〇）拔貢，乾隆十五年（一七五〇）中舉。依清代的科舉制度，童生參加縣試及格者稱為生員（秀才），即為府儒學或縣儒學之學生；每六年或十二年再從生員中，經考試選拔文行兼優者入國子監，稱為拔貢。拔貢因須進京覆試，因此各地學政皆甚重視，甄選至為嚴格；據說在臺灣尚有一慣例，即所甄選者除文章要好外，且要有富裕的資財，俾能供其進京覆試。拔貢之選拔既是如此不易，則其社會地位自頗為崇高，連舉人出身亦難望其項背[4]。卓肇昌既可登拔貢，其學問、家境、地位實可見一斑。

<hr>

[3] 卓肇昌，〈臺灣形勝賦〉，收入王瑛曾編纂，《重修鳳山縣志》，頁489-492。
[4] 林文龍，《臺灣的書院與科舉》（台北：常民文化，1999年），頁138。

　　生員通過歲考、科考，即可參加三年一科的鄉試，考取者即為舉人。鄉試都在各省省會舉行，清代臺灣屬中國福建省，因此本地參與鄉試的生員，皆須冒險渡海到福州應試。據統計有清一代，臺灣的舉人僅有二五一人，以道光初年全台已有二五〇餘萬的漢人相較[5]，比例實為懸殊。清代臺灣由於地處文化邊陲，民間參與科舉考試的意願不高，臺灣的生員不僅有內地冒籍者，且大多難與福建士子相競爭，故有「臺灣蟳，無膏」之譏，如非有少數的名額保障，則中舉的人數必將更低。卓肇昌能夠通過重重考驗，萬中取一，由拔貢生考取舉人，不僅是鄉里間的無上榮耀，也是當時臺灣社會的一大盛事，必然在民間廣為傳誦。

　　以卓肇昌的科舉之路來看，其學問與文章確有出眾之處，不過他卻未再中進士，亦未赴任官職，而在鳳山縣舊城內龜山山麓上的書院任教[6]，僅於乾隆二十八年（一七六三）以揀選知縣身分擔任《重修鳳山縣志》的參閱。才學出眾的卓肇昌未能再登進士，是因為未參加會試，抑或應試未中，在史料中並無顯示，但應以前者的可能性較高，原因有三：（一）會試是在京師舉行，臺灣士子除須渡海到福建外，尚須千里跋涉到北京，除非在體能與經濟上可以支持，否則一般意願都不高。（二）會試須與中國各地的舉人競爭，難度遠高於鄉試，加上清道光之前並無保障名額，更讓臺灣士子裹足不前。（三）舉人在臺灣的社會地位已甚崇高[7]，加上卓家的家世

5　姚瑩，〈埔里社紀略〉，《東槎紀略》（台北：臺灣銀行經濟研究室，1957 年），
　　頁 38。

6　卓肇昌於詩作〈龜山八景〉中自序曰：「龜山當鳳城中，……予教書院，傍
　　山之麓，尋幽挹勝，相賞特深。」（見王瑛曾編纂，《重修鳳山縣志》，頁
　　438。）

7　臺灣於乾隆二十二年（一七五七）才出現第一個進士──諸羅縣王克捷，
　　可見卓肇昌之世，舉人功名已是全台最高，社會地位自不待言。

顯耀，再考進士的誘因不高，也無須離鄉赴任官職。不過，以卓肇昌的才學名聲，卻未能考取進士，自然讓民間有更多想像的空間，這也是傳說形成的原因之一。

綜上所述，卓肇昌出身書香名門，其父卓夢采的道德學問為地方所推崇，這也使卓肇昌自幼即備受矚目；加上其天賦異稟，才學出眾，由拔貢生考取舉人，這在當時臺灣社會至為罕見，自然會在民間廣為傳誦，而逐漸形成帶有神奇色彩的卓肇昌傳說。

三、傳說版本與內容

目前筆者所搜集到卓肇昌傳說的主要版本有二：（一）凃麗生、洪桂己的〈卓肇昌〉，收入於公論報社出版的《臺灣民間故事（一）》，成書年代為一九五七年至一九六〇年間[8]。創立於一九四七年的《公論報》為當時銷售量最大的民營報紙，設有「臺灣風土」版，專門介紹臺灣的鄉土民情，並搜集不少民間故事。作者凃麗生則出身於高雄碼頭苦力家庭，長期在臺灣南部鄉間中學和大專任教，並擔任過高雄第一電影公司編導部主任與臺灣省議會第四屆議員，對於民間掌故十分感興趣，業餘多方搜羅文獻，撰寫成民間故事，除〈卓肇昌〉外，尚有〈林大乾〉、〈鴨母王〉、〈林半仙〉、〈半片山〉等[9]。（二）林曙光的〈庚午舉人卓肇昌的傳說〉，收入其《打狗滄桑》一書，寫作時間約在一九七九年[10]；另在其《打狗搜神記》[11]、《打

---

[8]　凃麗生、洪桂己，〈卓肇昌〉，《臺灣民間故事（一）》（台北：公論報社，1957年），頁 28-34。

[9]　古恆綺等，《高雄文學小百科》（高雄：高雄市政府文化局，2006年），頁 94。

[10]　林曙光，〈庚午舉人卓肇昌的傳說〉，《打狗滄桑》（高雄：春暉出版社，1985年），頁 137-146。另在自序中說明該書寫作時間約在 1979 年。

[11]　詳見林曙光，〈代天巡狩──王爺〉、〈自然神人格化的地祇──城隍爺〉，《打

狗瑣譚》[12]中亦有記載此傳說的部份情節。林曙光為高雄在地的文史專家，自七〇年代初開始發表文史著作，也打開高雄地方文史研究之窗，其研究範圍既廣且深，舉凡地理、姓氏、信仰、民俗、諺語、民間故事、政治、文學、商業、教育等，無所不包，大部分皆由田野調查得來[13]，此一傳說亦不例外。

　　上述兩個版本的內容大同小異，凃麗生、洪桂己的故事性較強，林曙光則帶有文史研究性質，常會在故事中穿插一些解釋說明的文字。今以出現年代較早、故事較完整的凃、洪版本為主要分析對象，其內容大略由以下五個部份組成：

　　（一）土地公看牛：卓肇昌幼時放牛，因為好玩耍，所以每天都請土地公幫忙看牛。卓肇昌因是文曲星降生，土地公不敢抗命，但日子一久，深感厭煩，故托夢給卓父求助。卓父查明此事，將卓肇昌訓斥一番，從此不敢再請土地公看牛。

　　（二）戲押王船：旗後迎王船，卓肇昌因為好玩，拿走船上三個紙偶水手，以致王船無法開出港。王爺乃托夢給卓肇昌的老師求助，老師查明此事，歸還水手，王船終能揚帆開走。

　　（三）鬼阻進士路：卓肇昌進京考進士，行前發誓若高中，將霸占廍後山與蓮池潭。廍後山群鬼擔心誓言成真，乃派二鬼隨行阻撓，將其試卷藏於主考官的硯盒之下，終使卓肇昌名落孫山。

　　（四）張天師相助：落榜的卓肇昌去拜訪張天師，張天師告知其有二鬼相隨，阻撓考試，甚至將取其性命，皆因所發誓言而起。卓肇昌請求張天師相助，張天師乃給三張神符，保護其安然返家；

狗搜神記》（高雄：春暉出版社，1994年），頁39、88。
[12]　詳見林曙光，〈舊城城隍廟〉，《打狗瑣譚》（高雄：春暉出版社，1994年），頁150-151。
[13]　古恆綺等，《高雄文學小百科》，頁46。

但卓肇昌返家後未依囑咐燒掉神符，直至三年後才想起履行，當晚即夢見三位仙人告辭而去。

（五）赴任城隍：一廊後農民見卓肇昌騎白馬往梓官而去，卓肇昌請他轉告其家人，將前庭狗糞隨意處理，勿大驚小怪。農民回到廊後村後，才發現卓肇昌已經去世，棺木停放在庭前。因當日適逢梓官城隍開顏，地方乃傳說卓肇昌死後赴任梓官城隍。

此一傳說涵蓋卓肇昌的幼年、應試、死亡等重要人生階段，內容充滿神怪靈異，頗能反映臺灣的民間信仰習俗及因果報應觀念。以下即就各個情節單元進行分析。

四、傳說分析

（一）土地公看牛

此一情節單元在描寫卓肇昌幼年命令土地公看牛的趣事，藉以凸顯其不凡的出身。不論古今中外，凡是有大事業、大成就的人物，其幼年必然有一些異於常人的傳說。最為人熟知者，如明太祖朱元璋的幼年傳說，謂其放牛時殺牛給夥伴吃，而後將牛尾插入山縫，並令其發出叫聲，騙說牛鑽入山裡，以逃避主人責罰；又與夥伴玩扮皇帝遊戲，輪流登「帝位」接受磕頭，結果只有朱元璋能坐得穩當，接受所有孩子磕頭；又謂其「金口玉言」，可命令牛羊各歸行伍、牛槽永遠長滿草、泥人割麥、天亮前先黑一陣等[14]。這些傳說

---

[14]　有關上述朱元璋幼年傳說的討論，可參閱賴瀅玉，《朱元璋民間造型之研究》（臺灣大學中文研究所碩士論文，2002 年），頁 66-77。

亦附會到卓肇昌身上，如謂其幼年也同樣放牛，此並不符合其家世背景，林曙光亦謂「不足信」[15]。

卓肇昌乃文曲星所降生，這也是傳說中許多有名文人的出身典型，如范仲淹、包拯、文天祥等。依照傳統的星辰崇拜，文曲星乃掌管考試命運、主宰士子的功名利祿，亦即民間所奉祀的文昌帝君。而卓肇昌所命令看牛的土地公，則屬於土地崇拜，其前身為社神，後來逐漸轉變為具人格化的區域性守護神，大多僅管轄某一小區域，因此廟宇分布最廣，信仰也最為普遍，故臺灣民間有「田頭田尾土地公」的俗諺。土地公與常民的距離最近，因此在神話傳說中總是以親切、人性化的形象出現；但由於其神格最低，在滿天神佛的世界中總顯得卑微，如《西遊記》中的土地公隨時被孫悟空等大神召喚、訓斥，甚至為妖怪所擺佈，地位十分可憐。卓肇昌為文曲星降生，神格遠在土地公之上，土地公自然不敢違抗其看牛的命令，直至數個月後，才敢向卓父托夢求助，且拜託他「千萬不要告訴他是我說的」，敬畏之情，溢於言表，令人感到可憐又可笑。

事實上，藉由土地公來凸顯名人的不凡，乃傳說中常見的情節，如「開蘭進士」楊士芳就有類似傳說：「過去楊士芳在頭城做田，他跪在土腳挲草的時陣，頭城兩間土地公廟的土地公就會企起來。因為楊士芳後來考著進士，土地公是民間的里長伯，進士比土地公較大，伊若下跪，土地公就愛企起來，等伊做田做完，土地公才會使坐落去。」[16]這是一則宜蘭地區傳說的口述實錄，可以看出民間將土地公等同於里長，其地位比不上進士，自然要對這些名人畢恭畢敬。另外，在廣東翁源有一則晚唐文人羅隱的傳說，更加接

---

[15] 林曙光，〈庚午舉人卓肇昌的傳說〉，頁143。

[16] 林素春採錄，〈土地公企起來〉，收入邱坤良等編，《宜蘭縣口傳文學》（宜蘭：宜蘭縣政府，2002年），頁84。

近〈卓肇昌〉的情節，略以：羅隱為天上星宿降生，自幼即被稱為神童。他去土地祠玩耍，土地公即須起身迎接，因為次數太多，土地公不勝其擾，乃托夢給羅母，請羅隱不要常跑進廟裡[17]。羅隱的傳說頗多，且在中國各地廣為流傳，可視為文人傳說的典型，卓肇昌傳說或亦受其影響，故同樣有此「星宿降生——幼年玩耍——土地公困擾——托夢求助」的情節，只不過將土地公困擾的原因換成早期臺灣民間孩童常做的看牛工作，以更貼近在地的風土民情。

　　追溯此一傳說類型的來源，在明代的筆記小說中已有類似情節，如陸粲《庚巳編》有則〈發配土地〉的傳說，謂大理少卿楊復，年少曾在土地廟占卜，因未靈驗而在神像背後寫下「發武陵驛擺站」。土地神當晚即托夢給提學求饒，提學乃令楊復洗去文字。另在都穆《都公談纂》亦有則〈土地起立〉傳說，謂都御史李實幼年經土地祠，神像總要起立，有次他在神像背後戲書「此人無禮，合送豐都」，土地神乃托夢給人，請其向李母求饒，後來李實才將文字洗去[18]。此一「撞土地」的情節頗接近「土地公看牛」，傳說主角甚至可發配土地公，土地公也只能托夢求饒，地位可見一斑。另「撞土地」後來逐漸演變成「撞城隍」，又與〈卓肇昌〉最後的情節有關，後面將有所討論。

（二）戲押王船

　　此段情節與上段相同，都在凸顯卓肇昌的不凡出身，只不過將命令土地公看牛轉換為拿走王船上的紙糊水手，使王爺不得不求助

---

[17] 愚民，〈山歌原始的傳說及其他——羅隱秀才與劉三妹〉，《民俗週刊》13、14 期（1929 年），頁 42。

[18] 有關上述「撞土地」傳說的討論，可參閱顧希佳，〈凡夫俗子撞城隍——「撞城隍」故事解析〉，收入劉守華主編，《中國民間故事類型研究》（武漢：華中師範大學出版社，2002 年），頁 275-276。

於卓氏師,令卓肇昌歸還,方能順利將王船開走。王爺又叫千歲、老爺、將軍、元帥、代天巡狩等,與土地公同為臺灣民間最普遍奉祀的神祇。王爺信仰的起源說法不一,一般以為王爺即為瘟神,學者劉枝萬曾提出「瘟神演化的六階段說」,指出王爺先是死於瘟疫的厲鬼,再變成取締疫鬼、除暴安良的瘟神,再演變為海神,再為醫神,再演變為保境安民之神,最後成為萬能的神明[19]。此說綜括王爺信仰起源的各種說法,也凸顯王爺所具有的多種神性。

迎王船則是王爺瘟神信仰的特殊儀式,主要是因早期中國東南沿海及臺灣氣候溫溼,先民須面對瘟疫的威脅,因此常會祭拜瘟神,並於祭拜後將瘟神糊以紙船,送之出海,而泊靠之地又須撿拾設醮再送,如此循環,形成台閩沿海地區迎王船的特殊習俗。而隨著瘟神的演化,王船也由原始瘟王船轉變為今之王爺船,其意義也由原型的放逐死亡,逐漸轉化為代天巡狩,而成為臺灣民間熱鬧盛大的民俗祭典[20]。

根據林曙光的調查研究,早年高雄的旗後地區也有王爺廟,奉祀李府千歲,聖誕四月二十六日會有迎王的儀式。王船乃選良材建造,長二、三丈,甚至達七、八丈,船上有帆檣、錨碇,及阿班(船長)、水手與許多護衛的木偶,並裝載金箔、銀紙、米包、鹽包、柴把等物品,經請王、遶境、宴王後,再將王船推出海上[21]。此一熱鬧的迎王儀式,自然是生性好玩的卓肇昌所不會錯過的,他還調皮地拿走王船上的三個水手,導致儀式結束後,王船竟無法送出港。卓肇昌這種褻瀆神明的行為,如發生在一般小孩身上,會立刻

---

[19] 劉枝萬,〈臺灣之瘟神信仰〉,《臺灣民間信仰論集》(台北:聯經出版公司,1990 年),頁 225-234。

[20] 參見黃文博,〈臺灣民間的王船信仰〉,《臺灣民間信仰與儀式》(台北:常民文化,1997 年),頁 55-56。

[21] 林曙光,〈代天巡狩──王爺〉,頁 38。

罹病夭折，但因其為文曲星降生，神格較低的王爺不敢得罪，只能托夢求助於卓氏師，再次將卓肇昌的不凡出身，連神明都要敬他三分的地位展露無遺。

迎王船儀式主要流行於臺灣，因此在中國的傳說中甚少有相關情節，倒是在金門地區有一則明代進士蔡復一的傳說，略以：蔡復一幼時與母親來塔後，此地正準備放王船，他調皮地將王船戳破一個洞，再用口水沾紅紙黏補起來。後來王船送不走，王爺說是被蔡大人封起來，因塔後無人姓蔡，方知是蔡復一所為[22]。此一情節幾乎與卓肇昌相同，只是前者以紅紙封王船，後者則拿走船上的水手，但都因此導致王船無法開走。蔡復一乃金門的傳奇人物，留下的傳說頗多，除此一「封王船」的情節外，尚有與張天師相關的傳說，也與〈卓肇昌〉頗為相近，後面將再討論。

（三）鬼阻進士路

前面曾提及卓肇昌才學出眾，但科舉之路僅止於舉人，未能再登進士，箇中原因的確引人想像。本段情節則解開此一謎團，原來卓肇昌在赴會試前，曾因感蓮池潭影響左營繁榮，而發誓如能高中狀元，必定要移山填池，霸占廍後山與蓮池潭。因為廍後山為墳墓地，眾鬼擔心此一誓言成真，將無容身之地，所以派青鬼與紅鬼隨行到北京，偷偷將其試卷藏於主考官的硯盒下，果然使本應高中狀元的卓肇昌名落孫山。林曙光版本則稍有出入，謂卓肇昌赴試途中造訪張天師，張天師告訴他本會高中，但因行前發霸占土地之誓，故有冤魂追隨，應速回保命。此一情節中的卓肇昌顯得霸道，林曙光認為是仇家挾怨造謠，「以卓老爺的道德文章，絕不會有那居心；

---

[22]　唐蕙韻整理，《金門民間文學集》（金門：金門縣文化局，2006 年），頁 121。

傳說未免厚誣先賢了。」[23]事實上，傳說本來就有虛構成份，不需要全然相信，倒是此一情節的來源及背後意義，是頗值得探討的。

在傳統社會中，先民雖相信宗教性的神意與命運，但亦不否定人生自我奮鬥的價值，如俗諺所云：「也著神，也著人」。一個人的成敗得失，都取決於先天的命運與後天的人心，如有一組俗諺曰：「心好命也好，富貴直到老」、「命好心不好，中途夭折了」、「心命却（都）不好，窮苦直到老」[24]；可見即使有天命，但無後天的心性修養，命運還是會中途改變的。卓肇昌為文曲星降生，考取狀元乃命中注定，但由於一念之差，生出霸占土地之惡念，不僅無法取得命中該有的功名，甚至差點賠上性命，豈不令人心生警惕？

此一命中本有，卻因心念不正而失去的情節，也常出現在傳說之中，如前述的羅隱傳說，他本來可以做王做帝，但因母親發出「我的兒子做了王帝，非殺盡萬家不可」的惡誓，而為灶君告狀，玉帝派人換了羅隱的肋骨，結果不僅當不成王帝，而且只能以秀才終其一生[25]。另在金門地區有則〈狀元天命〉的傳說，略以：有一書生赴北京考試，投宿一旅舍。旅舍主人因關帝爺托夢，得知此書生將高中狀元，因此特別款待。書生後來知道此事，就向月娘禱告說：「若中狀元，家中之妻難看，一定要再娶。」結果書生名落孫山，再返旅舍，主人告訴他落榜原因，全因禱月娘所致。後來書生之妻得知此事，深感差辱，上吊而死，吐出的舌頭有個八卦，此正為狀元夫人所有。原來書生的狀元命乃妻子庇蔭，但因有換妻之誓，自然無法考取[26]。此一情節與〈卓肇昌〉更為相近，只不過前者為換

23　林曙光，〈庚午舉人卓肇昌的傳說〉，頁146。
24　吳瀛濤，《臺灣諺語》（台北：臺灣英文出版社，2001年），頁277、292。
25　愚民，〈山歌原始的傳說及其他──羅隱秀才與劉三妹〉，頁43。
26　唐蕙韻整理，《金門民間文學集》，頁240-241。

妻之誓，後者則為霸占土地，但都是心念不正，也都導致落榜；尤其在林曙光版本中，卓肇昌的誓詞尚有「去前妻，取後妾」兩句，足證此兩則傳說有所關連。

　　另值得注意的是，此一傳說的最初版本作者凃麗生，素好《玉曆寶鈔》、《四十二因果經》、《三界寶律》等宣揚果報福禍的宗教書，經常到各地寺廟採擷軼聞掌故，曾以遊記體裁描寫賞善罰惡的《我與閻羅王》小說[27]。因此，〈卓肇昌〉的此段情節，也有可能是凃麗生根據傳聞，加以改寫渲染而成，藉以寄託其善惡果報的思想，並隨著發表出版而進一步流傳。

（四）張天師相助

　　本段情節描寫落榜的卓肇昌，拜訪道教教頭張天師，才知有冤鬼隨行阻撓。在張天師給予三張神符的保護下，卓肇昌方安然返回家鄉，但忘記依囑咐燒掉神符，其家鄉亦因此獲得庇護。三年後，卓肇昌再看到神符，方依張天師的囑咐燒掉，當晚即夢見三位仙人告辭離去，不久家鄉發生瘟疫，卓肇昌也一病不起。此一情節仍延續前段善惡果報的辯證，卓肇昌一時貪念的報應，雖然經張天師的神符保護，而延後了三年，但「不是不報，時候未到」，三年後終究付出代價，此亦如佛家所曰：「神通敵不過業力」。

　　張天師，最初是指東漢天師道的創始人張道陵。張道陵曾入太學，任巴郡江州令，後辭官隱居北邙山，修習長生之道；又攜弟子入蜀，居鶴鳴山修道，創立五斗米道，尊老子為教主，奉《老子》五千文為經典。五斗米道為中國道教最早創建的道派，因入道者須出五斗米而名之；又因教徒尊張道陵為天師，也稱為天師道。天師

---

[27]　古恆綺等，《高雄文學小百科》，頁94。

道創立迄今,「天師」法號由張氏後裔世代承襲,已傳承六十三代,為中國歷史上僅次於孔子世家的「天師世家」,故「張天師」便成為張道陵及其後世子孫的通稱。今在道教典籍、筆記小說及民間傳說中,存有豐富的張天師傳說,與〈卓肇昌〉本段情節相近者,有驅白石精傳說,略以:某人迷信法術,招來白石精戲要,其親人向張天師求助,張天師立刻發符保平安,直至十年後此人去世,神符上的神將方回天師處覆命。另有則與館師交往的傳說,略以:張天師請一秀才為館師,因老父病危,館師急歸,天師給一神符,助其神速歸家。館師歸家後,忘記天師囑咐焚化神符,使符神無法回去覆命,最後由館師修廟安置之[28]。這兩則傳說同〈卓肇昌〉都有張天師發神符相助,符神完成任務後,須返回覆命的情節,顯見此為張天師有名的法術。

　　張天師為中國道教人物,在臺灣傳說中很少出現,金門地區有則〈蔡復一的元神與張天師〉傳說,內容不僅出現張天師,且部分情節亦與〈卓肇昌〉相近,略以:蔡復一在北京為官,常去找張天師,但天師都不讓他從大門進入,因為他是蛇神轉世,大廳有一照妖鏡,怕照出其原形。有次,蔡復一執意走大門,天師無奈開門,他看見鏡中自己的原形,馬上嚇昏過去。張天師趕緊畫符,貼在蔡復一身上,要他快回金門,且不可換衣服。蔡復一一路來到安溪,大姊看他一身邋遢,幫他脫衣清洗,符也隨之拆下,結果他就死在安溪[29]。此一傳說的照妖鏡,在〈卓肇昌〉中亦有,不過是在照青鬼與紅鬼的原形;而張天師同樣都以神符來救命,不過卓肇昌順利

---

[28]　有關上述張天師傳說的討論,可參閱萬黃婷,《張天師傳說初探》(南昌大學文藝學碩士論文,2005 年),頁 4-17。

[29]　唐蕙韻整理:《金門民間文學集》,頁 32-34。

返家，蔡復一則命喪安溪。另外，張天師說卓肇昌的相貌是龍頭蛇尾，也頗近蔡復一的蛇神原形，可見兩人的傳說確有不少相似之處。

（五）赴任城隍

　　傳說中的卓肇昌與城隍的關係密切，不僅死後赴任梓官城隍，其臨終所作對聯：「為善必昌，為善不昌，祖宗必有餘殃，殃盡必昌；作惡必亡，作惡不亡，祖宗必有餘德，德盡必亡」，至今仍掛於左營與梓官的城隍廟，成為地方對卓肇昌的僅存記憶，也為其傳說留下最終的注腳。

　　「城隍」一詞最早見於《周易》：「城復于隍，勿用師」，「城」指城牆，「隍」則為護城河。祭祀城隍源於古代天子蠟祭之一的祭水庸神，本為一種自然崇拜，東漢以後開始建廟祭祀，唐代的城隍信仰已盛於江南，張說、張九齡、韓愈、杜牧等人出任地方守宰時，皆曾撰寫祭城隍文。宋代城隍信仰更為普遍，並列為國家祀典；明代城隍信仰達到高峰，明太祖依行政區劃分封都、府、州、縣城隍，制定廟制，建立上下統屬的神祀系統。城隍神最初職掌為保護城池，冥佑地方民物，後來逐漸擴大為禳解水旱疾疫，兼掌科名桂籍，並為冥間主宰，負有糾察地方官吏、賞善罰惡之責[30]。

　　由於城隍為與陽世行政機構對應的冥界行政官，在魏晉南北朝即有以功臣、循吏為城隍神之說，如宣城內史桓彝為民愛戴，後因討賊殉國，宣城人尊為城隍神。唐宋時期，凡有德於民者，生為地方守令，死作當地城隍，時代愈後，所祀之人愈多，明清時期的杭州城隍周新，上海城隍秦裕伯等，皆為地方有名的城隍神[31]。在臺灣也不乏「生為循吏，歿為城隍」的案例，如道光年間曾先後出任

[30]　張澤洪：〈城隍神及其信仰〉，《世界宗教研究》1 期（1995 年），頁 109-113。
[31]　同上註。

淡水同知的曹謹、曹士桂，相傳都因有功於民，而於死後出任新竹城隍；光緒年間曾任基隆海防廳廳長的包容，相傳也因為人慈善、辦事公正，歿後為地方官民建廟奉祀，稱為護國城隍[32]。

除了循吏可出任城隍神外，日治時期的宗教學者福田增太郎指出尚有三種人物可為城隍：一、忠良、孝悌、有德之人。二、生前有學問教養、無邪惡行為者，死後具有城隍任用考試之應試資格，其及格者可為城隍神。三、在水中溺死的「水鬼」，三年內不將他人引入水中作為替身，則可依其功德而為城隍[33]。其中第三種人物是臺灣民間流傳甚廣的「水鬼變城隍」故事；第一、二種人物亦常見於民間傳說，最具代表性為清代蒲松齡《聊齋誌異》的首篇〈考城隍〉，故事略以：

> 邑廩生宋燾一日臥病，見吏請其赴試，乃騎白馬入府應試，題目為「一人二人，有心無心。」宋燾文成，內有云：「有心為善，雖善不賞；無心為惡，雖惡不罰。」諸神讚歎，諭以河南城隍任用，宋燾以老母無人奉養請辭，上推其仁孝，乃令另一考生長山張生攝篆九年，待宋母過世再赴任。宋燾與張生握別而去，忽如夢醒，死而復生。問之長山，果有張生於是日過世。九年後，宋母果卒；宋燾岳家居西門，忽見燾輿馬甚眾，拜別而行，乃奔訊鄉中，方知其亦沒矣[34]。

此一傳說即為好人死後做城隍的典型，宋燾岳家見其輿馬拜別的情景，就像廍後農民見卓肇昌騎馬前往梓官一樣，都是當下人已過

---

[32] 林文龍：〈生為循吏，歿為城隍〉，《臺灣掌故與傳說》（台北：臺原出版社，1992 年），頁 85-104。

[33] 福田增太郎著，黃有興譯：《臺灣宗教論集》（南投：臺灣省文獻會，2001 年），頁 29。

[34] 蒲松齡，〈考城隍〉，《聊齋誌異》（台北：文化圖書公司，1963 年），頁 1。

世，正準備赴任城隍。另外，城隍最大職掌在於賞善罰惡，因此宋熹試卷所寫的「有心為善，雖善不賞；無心為惡，雖惡不罰」，就如同卓肇昌所留下的對聯一般，都是對善惡報應做出深刻的闡釋。

不過，如從傳說的中後段來看，卓肇昌因一時生出霸占土地的貪念，終究逃不過鬼魂的糾纏，招致落榜、喪命的報應，則與其後來出任城隍的條件有些不符。事實上，民間傳說由於來自口耳相傳，常會出現不同故事複合的現象，如同前述卓肇昌所發誓言及張天師相救的情節，就曾出現在羅隱、蔡復一等人的身上，因此其中後段的情節也極可能是兩個不同故事的複合。

另尚有一問題值得討論，為何卓肇昌死後赴任的是梓官城隍？就時間來看，卓肇昌的生卒年雖然不詳，但於乾隆五年（一七四〇）拔貢，如以一般完成完整私塾教育者為十六歲，再順利通過縣試及三年一度的歲考，大約為二十歲，故其出生應約在康熙五十九年（一七二〇）；又以五十四歲卒，則卒年應約在乾隆三十九年（一七七四）。根據《梓官中崙城隍廟誌》記載，該廟原祀池府千歲，後因居民發生紛爭，事態嚴重，鳳山縣無力解決，臺灣府乃派官員前來鎮壓，方能化解。官員為安定民心，乃提議將池府千歲廟改以城隍主祀，並於嘉慶五年（一八〇〇）發動捐獻興建，嘉慶七年（一八〇二）建成。此廟興建原與卓肇昌無關，但因年代距其卒年大約有二十餘年，並不算太久遠；且根據《鳳山縣采訪冊》記載，鳳山縣籍舉人有四十五人，僅王璋、廖殿魁、卓肇昌等人有傳，顯示此三人聲名最著，而卓肇昌又最接近梓官城隍廟的興建年代，因此被後人附會在一起。

再就空間來看，一般城隍廟皆配合行政區劃而建，早在康熙五十七年（一七一八）鳳山知縣李丕煜即在縣治興隆莊（今左營）興

建城隍廟[35]，而其近郊非府非縣的梓官後來也建城隍廟，實在有些不尋常，亦引人想像。在上述「撞城隍」傳說中有一「遷廟」類型，故事略以：「某小孩乃文曲星下凡，曾叫城隍辦事，但未辦好，故寫紙條將其發配遠處。城隍害怕，托夢給小孩老師，老師要小孩收回發配命令，但原官職已為新城隍取代，遂在城外另建廟安置，人稱『小城隍廟』。」[36] 此一故事解釋許多地方為何會在城外另有座城隍廟的現象，也頗符合左營與梓官的空間關係，卓肇昌傳說或受到影響，使其角色從原本撞城隍的小孩演變為城隍，而有從左營赴任梓官城隍的情節[37]。

五、結語

卓肇昌由於出身書香門第，自幼聰慧，文采出眾，又以拔貢生考取舉人，在文風不盛的清代臺灣社會，自是難能可貴，因此也衍生出帶有神奇色彩的傳說，記錄他不平凡的一生。從本文就各情節單元的分析來看，卓肇昌傳說的類型為中國的「撞土地」或「撞城隍」故事，融合羅隱、張天師、蔡復一、宋燾等人傳說的部分情節，再加上本地幼年放牛、迎王船的民情風俗與左營、梓官的地理環境，形成此一故事完整、情節曲折的傳說。

卓肇昌傳說也見證臺灣社會的民間信仰習俗與善惡果報觀念。清代臺灣的漢人社會主要由閩南移民所組成，除承襲原鄉的信仰習俗外，移墾初期所面對海難、天災、瘴癘、疾病、番害、械鬥

---

[35] 王瑛曾編纂，《重修鳳山縣志》，頁 146。
[36] 顧希佳，〈凡夫俗子撞城隍──「撞城隍」故事解析〉，頁 273-274。
[37] 事實上，左營地區也有卓肇昌為當地城隍的說法（曾玉昆，〈談舊城・說城隍〉，《高雄文獻》13 期，1983 年 1 月，頁 183），如再加上其赴任梓官城隍的情節，則更接近「撞城隍」型的傳說。

等威脅，都使台民內心充滿無常與恐懼，更須藉鬼神信仰來安定心靈。在此一傳說中出現文曲星、土地公、王爺、鬼魂、張天師、符神、城隍等眾多鬼神，每個都帶有人性化的情感與趣味，又具有鬼神社會的上下位階，將臺灣民間信仰的「多神性」、「擬人化」、「組織性」等特色表現無遺[38]。

　　施翠峰曾指出臺灣民譚最顯著的特色為教訓性、道德性的故事最多，其內容多具有儒教的道德觀或倫理觀，以及佛教的因果觀念或報應觀念[39]。在此一傳說中，卓肇昌雖是文曲星降生，連土地公、王爺都要敬他三分，但由於一時生出霸占土地的貪念，終究逃不過鬼魂的糾纏，招致落榜、喪命的報應，確實令人體會到先天命運會因後天心念改變的道理，也獲得到「為善必昌，作惡必亡」的教訓，這正是此一傳說最可貴的意義與價值。

　　清代臺灣由於地處文化邊陲，文人傳說並不多見，〈卓肇昌〉算是少數保存完整的傳說，但目前除地方耆老或文史學者尚知一二外，已逐漸為人所遺忘。從本文的初步分析來看，此一傳說不僅具有珍貴的民間文學價值，也含有豐富的風土民俗與思想內涵，值得吾人加以保存，並投入更多的關注。

---

[38] 有關上述臺灣民間信仰的特色，可參看董芳苑，《探討臺灣民間信仰》（台北：常民文化，1996 年），頁 164-182。

[39] 施翠峰，〈臺灣民間故事的發展及其內容〉，《漢學研究》8 卷 1 期（1990年 6 月），頁 678。

曹謹傳說研究

一、前言

　　康熙二十三年（一八二四）清廷將臺灣納入版圖，展開長達二百一十一年的清領時期。清領臺灣的吏治普遍不良，道光年間的臺灣道徐宗幹曾沉痛指出：「各省吏治之壞，至閩而極；閩中吏治之壞，至臺灣而極。」[1]而多數學者亦認為此為當時臺灣變亂頻繁的主要原因[2]。然而，在此吏治不良的清領時期中，仍有少數官吏本著中國傳統「循吏」的角色自覺[3]，來到臺灣積極地開闢建設、移風化俗，深獲人民的感戴，更顯得難能可貴[4]；本文所要討論的曹謹即為其中之一。

---

[1]　徐宗幹：〈答王素園同年書〉，收入丁曰健編：《治台必告錄》（台北：臺灣銀行經濟研究室，1959 年），頁 349。

[2]　廖風德：〈清代臺灣社會的暴力衝突〉，《臺灣史探索》（台北：學生書局，1990 年），頁 6-7。

[3]　「循吏」一詞最初見於《史記》，原指消極之「奉法循理之吏」，其後班固《漢書》、范曄《後漢書》沿用「循吏」一詞，然已指積極實踐儒家「先富後教」教義之官吏，其不僅為執行朝廷法令之「吏」，更為從事儒學教化之「師」，從此「循吏」成為正史中賢良官吏之典型。（參見余英時：〈漢代循吏與文化傳播〉，《中國思想傳統的現代詮釋》，台北：聯經出版公司，1995 年，頁 167-258）

[4]　連橫在《臺灣通史》中立有〈循吏列傳〉一篇，其於傳後曰：「然自臺灣設官後，二百數十年矣。而舊志所傳循吏，不過十數人；貪鄙之倫，踵相接也。嗚呼！非治之難，而所以治者實難。」（連橫：《臺灣通史》，台北：臺灣經濟研究室，1995 年，頁 951），此即凸顯「循吏」在清領臺灣

　　曹謹（一七八六～一八四九）原名瑾，字懷樸，號定庵，河南省懷慶府河內縣（今沁陽市）人。嘉慶十二年（一八〇七）高中鄉試解元，歷署直隸平山、曲陽、饒陽、寧津、威縣、豐潤及福建將樂、閩縣等縣之知縣，政聲頗著。道光十七年（一八三七）渡海來台任鳳山知縣，任內開鑿總長四萬三百六十多丈，可灌溉三萬一千五百多畝田地的「曹公圳」，並增建城樓與砲台、修倉廒，平定張貢之亂；又於道光二十二年（一八四二）命鄭蘭、鄭宣治開鑿「曹公新圳」，解決鳳山平原的水利灌溉問題。道光二十年（一八四〇）擢陞淡水同知，任內練鄉勇、查戶口、建城池，兩度擊退來犯的英國船艦；化解淡水與彰化的漳、泉械鬥，增設鄉塾，續建學海書院，宣講聖諭，提振文風。道光二十三年（一八四三）因英人控冒功殺俘案而遭革職，其後雖因功而可復官陞銜，但曹謹未再復職，終於道光二十九年（一八四九）卒於家，享年六十九歲[5]。

　　曹謹在台的卓越政績，深獲地方士民的感懷，北臺灣居民將其祀於「德政祠」；南臺灣居民則於咸豐十年（一八六〇）在鳳儀書院內建「曹公祠」奉祀；光緒二年（一八七六）福建巡撫丁日昌奏請入祀「名宦祠」。進入日治時期，曹謹的功績仍為日本政府所肯定，尤其是具有現代化精神的水利建設，更受到重視。一九〇〇年日本總督兒玉源太郎巡視鳳山，即對於曹公圳工程甚為讚賞，曾捐

的難得可貴。

5　有關曹謹的生平，楊晉龍在〈「曹謹研究」的分析與評論〉（收入《2003 年海峽兩岸曹謹學術研討會論文集》，高雄：中山大學清代學術研究中心，2003 年，頁 2-27）一文中考證甚詳，本文多所參考。不過，楊文指捐資開鑿曹公新圳者為「鄭蘭生、鄭宣治」，係根據日人花岡伊之作於 1901 年所著〈曹公圳起源〉一文（收入臺灣省文獻會編譯：《臺灣慣習記事（中譯本）》，南投：臺灣省文獻會，1993 年，第一卷下，頁 56-60）；然根據清代方志《臺灣通志》、《鳳山縣采訪冊》皆記載為「鄭蘭、鄭宣治」，故應是花岡伊之作誤植。

款興修「曹公祠」。日本官方並且訂國曆十一月一日為曹公誕辰，每年舉行祭典儀式，一九一一年的參拜者甚至高達二千餘人，盛況可見一斑[6]。終戰之後，臺灣的官方與民間仍推崇曹謹的貢獻，一九五九年設立曹公國小；一九七一年高雄農田水利會再次整建「曹公祠」；一九九二年將「曹公祠」改為「曹公廟」，供奉曹公神像，以示崇拜。一九九九年長期關注曹謹及曹公圳的鳳邑赤山文史工作室，首度組團赴河南尋訪曹謹故鄉，並在二〇〇三年舉辦「海峽兩岸曹謹學術研討會」，為曹謹研究跨出重要的一步。

　　曹謹以一小小的七品知縣，而能獲清領、日治及戰後等三個時期的官民推崇，這在臺灣史上洵為難得，實有深入研究的必要。歷來有關曹謹的研究，主要集中在生平履歷與官宦政績的介紹、開鑿曹公圳過程及管理的說明探討、曹公圳的價值及其對當代與後代的影響、協防淡水時相關軍事防務事宜、後世崇拜與文人的推崇、在台史蹟與曹公尋根的探訪等六大類[7]；其中因曹公圳為曹謹在台的最大政績，高雄地區居民至今仍蒙其利，加上其為清代官方水利建設的先驅，因此自日治時期起，即有學者就歷史、水利、社會、經濟及管理制度等議題進行討論。不過，在這些曹公圳的相關研究中，較忽略「曹公開圳與龍母鬥法」及「赤山出皇帝」等傳說的探討[8]；雖然傳說與史實有所差距，但其能在民間長久而廣泛地流傳，自有不可忽視的價值。因此，本文擬將研究主題放在曹謹開鑿曹公圳的傳說上，主要探討為何會形成此種傳說？傳說的「類型」（type）

---

[6]　詳見胡巨川：〈日據時期曹公祠與祭典〉，《南台文化》12 期，（2004 年 1 月），頁 41-47。

[7]　楊晉龍：〈「曹謹研究」的分析與評論〉，頁 21。

[8]　依筆者所見目前研究曹謹傳說的專文，僅有胡巨川：〈曹公圳與曹公的傳說〉一文（《高市文獻》19 卷 3 期，2006 年 9 月，頁 148-162），惟該文多就史實來討論傳說，較少深入的論述。

及「母題」（motif）為何[9]？又從何而來？反映當時臺灣社會的何種
現象？又凸顯怎樣的問題？期待透過本研究能提供吾人看待曹謹
與曹公圳的另一個視角。

二、傳說內容

有關曹謹開鑿曹公圳的傳說，主要有兩則：「曹公開圳與龍母
鬥法」與「赤山出皇帝」。前者的傳說內容大概如下：

> 曹謹的曹公圳工程，當進行到開鑿龍喉山時，卻發現前一天
> 所挖的圳路，隔天又恢復原狀，且連續數天都是如此，導致
> 工程毫無進展。面對此一怪異現象，曹謹乃找來一名乞丐，
> 命他晚上留在工地偵察，果然聽到龍母告訴龍子說：「地龍
> 給掘斷了，我們就無藏身之地。但不用擔心，曹謹可以發動
> 千人挖土，我就能發動萬人來填土，除非他用銅針、黑狗血。」
> 乞丐將此告知曹謹，曹謹乃在龍喉處埋入銅針、黑狗血，果
> 然龍母法術被破解，龍喉流出血水，工程也順利完成。[10]

---

[9] 「類型」與「母題」是故事學中的兩個重要概念。美國學者斯蒂・湯普森
（Stith Thompson）指出：「一個類型是一個獨立存在的傳統故事，可以把
它作為完整的敘述作品來講述，其意義不依賴於其他任何故事。當然它也
可能偶然地與另一個故事合在一起講，但它能夠單獨出現這個事實，是它
的獨立性的證明。組成它們可以僅僅是一個母題，也可以是多個母題。」
（氏著，鄭海等譯：《世界民間故事分類學》，上海文藝出版社，1991年，
頁499）他特別強調兩者間的差異：「母題是一個故事中最小的、能夠持續
在傳統中的成分」，而類型是由「一系列順序和組合相對固定」的母題所構
成，它的基礎是一個敘事完整而獨立存在的故事。

[10] 此則傳說較早出現的版本有二，一為林曙光：〈圳、曹公、曹公圳〉，《打狗
滄桑》（高雄：春暉出版社，1985年），頁82；一為鳳邑赤山文史工作室：
〈曹公開圳與龍母鬥法〉，網址：http://fengshan.so-buy.com/front/bin/ptdetail.
phtml?Part=0706&Category=25919

　　此則傳說看似在描寫曹謹開圳的艱辛，並推崇其不凡的智慧與超人的能力；但根據鳳邑赤山文史工作室的採錄，尚有一段記載：「赤山庄的龍脈地理，地方上相傳是很好的青龍脈風水所在，自從『龍喉』穴被破壞後，龍母逃走，龍脈自此下沉，赤山庄一度連續發生多次災疫，庄民逐漸散去，地方父老相傳赤山庄的好地理已遭破壞，榮景不再，『龍喉』的傳說也流傳至今。」[11]顯然地方父老所在意的是，曹公圳工程毀了龍喉穴，也破壞赤山庄原有的好地理，造成今日地方的沒落。另根據大寮後庄廟興濟宮的傳說，該廟本不在現址，但因曹公圳開挖，官方以銅針、黑狗血嚇走地龍，後庄從此沒落，乃將該廟遷於曹公圳附近，希望能藉以重振往日繁榮[12]。此一傳說再次透露出地方居民的心聲，開鑿曹公圳破壞了地理，是造成地方沒落的主因。

　　除此之外，在《鳳山市閩南語故事集（一）》中，尚有兩則相近的傳說，一為〈赤山的由來〉，內容略以：赤山本有一青龍穴，其頭部正在熱帶園藝試驗所的大門處。當初要蓋大門時，始終蓋不起來，後來用銅針、黑狗血才把它打通。打通的當時，附近出現一片紅色的彩光，將整座山都染紅，故稱為「赤山」[13]。另一則為〈赤山龍喉穴〉，內容略以：以前從正修工專、文山國中到熱帶園藝試驗所，這整座山是條龍脈，龍喉處有一口古井。後來因開路而切斷龍脈，龍喉古井不再有水，風水也因此破壞[14]。這兩則傳說雖與事實有很大的出入[15]，但仍多少保有「曹公開圳與龍母鬥法」的情節

11　同上註。
12　蔡安泰:〈大寮民間信仰〉，網址：http://learn.csic.khc.edu.tw/comres/doc5a.doc
13　胡萬川、王長華總編輯:《鳳山市閩南語故事集（一）》（高雄：高雄縣立文化中心，1999年），頁20。
14　同上註，頁24-29。
15　胡巨川:〈曹公圳與曹公的傳說〉，頁156。

元素，如龍脈、龍喉、銅針、黑狗血等，可見前者應由後者演化而來，只是曹謹、曹公圳都不再是傳說的重點，而是龍穴、龍脈的好地理被破壞，這些才是地方居民所關切而形成的共同記憶。

另一則「赤山出皇帝」的傳說，是鳳邑赤山文史工作室於一九九八年採錄八十二歲的林罕及五十六歲的林戊雄而來，內容大要如下：

> 赤山龍喉山上有棵大樹，已長出九十九根枝幹，地方傳言長到一百根時，會因龍脈及龍穴靈氣，出現一位真命天子，因此地方對此樹敬拜有加。由於清代派到地方的官員，都兼負一項任務，即發現有不利當朝皇帝的風水，都要設法破壞，以免危及皇帝地位；因此當曹謹得知有此樹後，認為龍喉穴已破，必須阻止此樹長出一百根枝幹，所以趁著晚上，派人將一根枝幹鋸下，運到別處燒燬。隔天，赤山居民發現此樹流出很多血，並漸漸枯死，「赤山出皇帝」的夢想也隨之破滅。[16]

此則傳說乃延續前則「曹公開圳與龍母鬥法」而來。曹謹開鑿曹公圳乃出於民生經濟的考量，即使因此破壞赤山的地理，亦屬情有可原；但在「赤山出皇帝」的傳說中，曹謹為鞏固清廷的政權，再次破壞赤山的地理，使地方的期待落空，則令人難以接受。

因此，從上述的曹謹傳說來看，至少在赤山一地的居民，對於曹謹的評價是偏向負面的。在他們心目中的曹謹不是開圳利民的恩公，而是敗壞地理的京官，這顯然與文獻史料上的曹謹形象有所差距。

---

[16] 陳宏銘主持：《水之頌：曹公圳灌溉區與水相關之文學作品之蒐集整理研究》（高雄：曹公農業水利研究發展基金會，2000 年），頁 72-73。

三、傳說類型：京官來台敗地理

在臺灣的民間傳說中，「京官來台敗地理」是一個重要的類型。這類傳說較常見的主角有二：一為楊桂森，又稱「楊本縣」；一為蔣允焄，又稱「小蔣」[17]。前者主要流傳於苗栗、台中、彰化、南投及雲林等臺灣中部地區，據說「楊本縣」是因為犯罪，皇帝要他來台覓地理（排地理），以將功贖罪；但他卻聽成了「敗地理」，以致敗光了臺灣的好地理[18]。根據林文龍的搜集，在虎尾五王廟、草屯大哮山、草屯李宅、埔里牛眠山、霧峰林家、苑裏雞冠山、通霄風鸞山、大甲溪、彰化情人樹、彰化南瑤宮、白沙坑、社頭清水巖、員林蜂巢穴、枋橋頭天門宮及南投石頭公等，都流傳著「楊本縣」敗地理的傳說[19]。在這些傳說中，「楊本縣」敗地理的方法，常是在地上挖鑿溝渠，類似曹謹開鑿曹公圳；而其敗地理的原因，常是當地人凶悍，甚至會出皇帝或番王抗清，也與「赤山出皇帝」的傳說相近。後者則流傳於台南、高雄等臺灣南部地區，情節大致與前者相同，據說是在大陸的帝王，深怕臺灣會出真主（皇帝），所以派「小蔣」來破壞地理[20]。今台南地區流傳的「黃教篡天下」傳說，即是因大陸的堪輿家發現臺灣的天象有異，故清廷派「小蔣」來台破壞地理，終使黃教的叛亂失敗[21]。

---

[17] 詳見胡萬川：〈土地・命運・認同——京官來臺灣敗地理傳說之探討〉，《臺灣文學研究學報》第 1 期（2005 年 10 月），頁 7-11。

[18] 胡萬川、黃晴文總編輯：《梧棲鎮閩南語故事集》（台中：台中縣立文化中心，1996 年），頁 72-73。

[19] 林文龍：〈楊本縣敗地理——臺灣中部地區的風水傳說〉，《臺灣掌故與傳說》（台北：臺原出版社，1992 年），頁 118-123。

[20] 胡萬川、王長華總編輯：《鳳山市閩南語故事集（一）》，頁 90-91。

[21] 胡萬川總編輯：《台南縣閩南語故事集（四）》（台南：台南縣文化中心，2002

　　除了上述的「楊本縣」與「小蔣」外，敗壞臺灣地理的主角尚
有劉伯溫所指派的堪輿師[22]及嘉慶皇帝的軍師[23]。這兩則流傳於台
中地區的傳說，內容大致相同，堪輿師及軍師為破壞地理，都是在
湖邊挖洞或溝渠，在挖的過程中，都出現前一天挖的在隔天又自動
合起來的現象。後來有一晚偷聽到土地公說話，才知道是祂偷偷填
土，而且自暴其最怕銅針與黑狗血。堪輿師及軍師於是找來銅針、
黑狗血置於此地，終於順利將湖挖開，也破壞了當地地理。這兩則
傳說中「挖溝渠──隔天自動覆土──晚上偷聽──自暴弱點──
以銅針及黑狗血對付──順利開挖」的情節，與「曹公開圳與龍母
鬥法」幾乎相同，差別僅在後者緣於開圳，前者則是為敗壞地理。

　　因此，曹謹傳說的類型應是「京官來台敗地理」，這類傳說的
重點是在「敗地理」，至於「京官」究竟為何人，則各地有不同的
說法，甚至可以附會其他的傳說；但不論是「楊本縣」、「小蔣」、
劉伯溫的堪輿師、嘉慶皇帝的軍師或曹謹，他的身分都是一個大陸
「來台」的官員。

四、閩南地區的同類型傳說

　　「京官敗地理」的傳說並非臺灣特有，在閩南地區也頗為流
傳，最廣為人知的是明代江夏侯周德興。據說周德興曾奉朱元璋之
命，欲斷盡天下龍脈，以絕後患。他先登上武夷山去龍脈、破龍穴；
又細察泉州地理，狀如鯉魚，故在其東門填塞土石，並煙薰開元寺

　　年），頁 167-173。
[22]　胡萬川、黃晴文總編輯：《大安鄉閩南語故事集（三）》（台中：台中縣立文
　　　化中心，1998 年）頁 140-145。
[23]　胡萬川、黃晴文總編輯：《大甲鎮閩南語故事集（一）》（台中：台中縣立文
　　　化中心，1995 年），頁 74-79。

東、西兩塔，使鯉魚氣塞而死。其後，他又在洛陽江下的惠安縣山脈發現兩顆「日月石」，為閩南龍眼所在，乃命石工開鑿，但卻無法損其分毫。後來有一老石工在夢中聽見鬼在議論，要破「日月石」須用黑狗血，周德興依此而行，果然順利破之[24]。另在金門的〈五馬拖車穴〉、〈金門出兩帝〉的傳說中，亦可看見周德興破壞當地地理的事蹟[25]。根據《明史》記載，周德興與朱元璋相交甚早，且戰功彪炳，故封江夏侯。晚年「德興至閩，按籍僉練，得民兵十萬餘人。相視要害，築城一十六，置巡司四十有五，防海之策始備。逾三年，歸第。」[26]可見其曾在福建地區訓練兵民，籌備海防，並於短短三年多的時間，在各重要地點築城設官。這些因築城設官所產生的大量工程，勢必衝擊到當地固有的風水地理，而衍生出上述的傳說；加上福建、金門與臺灣的密切關係，極可能就成了「京官來台敗地理」傳說的源頭。

在周德興敗壞地理的傳說中，也有部份是涉及到鄭成功家族的風水。根據康熙四十三年（一七○四）江日昇所著的《臺灣外紀》，開頭即描寫周德興行經鄭成功先祖發跡的南安縣石井安平地方，發現龍脈地理非凡，本欲斬斷。但當晚周德興夢見有人跪告：「上帝業命余保護此土，以俟後來之有德者葬其中，應出五代諸侯，為國朝嘆氣。幸勿輕為開斷，以違帝命。」翌日他登上山巔，發現有塊大石上鐫有「海上視師」，落款為「宋朱熹書」，乃驚訝道：「先賢業有明鑑！此乃天數，豈可違逆？」故放棄斷絕石井的龍脈。後來鄭成功先祖葬在此地，果然應驗出五代諸侯，並為大

---

[24] 林明華：《漳泉典故趣譚》（台北：點石出版社，1991 年），頁 46-50。

[25] 詳見唐蕙韻整理：《金門民間文學集‧傳說故事卷》（金門：金門縣文化局，2006 年），頁 51-52。

[26] 張廷玉：《明史》（台北：鼎文書局，1980 年），卷 132，頁 3862。

明政權延續國祚[27]。對大明而言，鄭成功是延續國祚的孤臣；對大清而言，鄭成功是海外的叛逆；對臺灣人民而言，鄭成功則為「開台聖王」，甚至是「真命天子」。因此，朝廷為防止「真命天子」出現，而派京官來台敗地理的傳說，或即是上述周德興與鄭成功傳說融合下的產物[28]。

不過，「真命天子」的傳說也非臺灣特有，在福建泉州安溪一帶即流傳一則〈真命天子〉的傳說，其故事背景及主角雖然模糊，但情節卻與曹謹傳說極為相近，大要如下：

> 在洪塘鄉有一對夫妻，妻子因懷孕十六個月而死。她臨死前告訴丈夫，在她墳上種竹子，一百天後砍下製成弓箭，再朝日頭正中射去。丈夫依此而行，箭卻射向京城正在臨朝的皇帝身旁。皇帝驚恐之餘，派出點地官到各地開墳查看，是否有真命天子出現。此時有一乞丐睡在古墓，聽見一對母子的對話，原來她丈夫算錯日子，九十九天即射箭，使皇帝逃過一劫，到處抓人；但官府抓不到她們，除非用銅針、黑狗血。乞丐將此告知官府，官府將銅針、黑狗血灑在古墓，果然浮出母子兩個人頭，男孩身上已披上半件龍袍。[29]

此則傳說的前半段故事為「早發的神箭」類型[30]，乃臺灣流傳甚廣的林道乾傳說的重要母題[31]，其中一百天後射箭，即可射死當

---

[27] 江日昇：《臺灣外紀》（台北：臺灣銀行經濟研究室，1960 年），頁 1-2。

[28] 今臺灣地區仍流傳此一傳說：臺灣島上本有許多龍脈，康熙皇帝憂慮鄭氏會因此恢復明室，乃派地理師來台將龍脈毀損殆盡，明祀也因而斷絕。（林衡道：〈臺灣的民間傳說〉，《漢學研究》8 卷 1 期，1990 年 6 月，頁 675）此傳說即為「京官來台敗地理」類型，亦可證明鄭成功確與此類傳說有關。

[29] 克羅爾曼：〈真命天子〉，收入謝雲聲編：《福建故事》（北京：北京大學，1929 年），中冊，頁 33-37。

[30] 劉守華：《比較故事學》（上海：上海文藝出版社，1995 年），頁 268-281。

朝皇帝的情節，頗近似「赤山出皇帝」中大樹長到一百根枝幹，即
會出現真命天子的情節；而此則傳說的後半段情節，也與「曹公開
圳與龍母鬥法」相近，同樣是乞丐偷聽到對話，也同樣以銅針、黑
狗血解決官府的難題。可見上述曹謹的兩則傳說應為一個完整的故
事，且源自於此一〈真命天子〉傳說，再結合曹謹的開圳事蹟與臺
灣的風土民情而成。

　　因此，包括曹謹傳說在內的「京官來台敗地理」類型傳說，其
源頭都來自於大陸的閩南地區；但這類傳說為何會在臺灣特別流
行？又為何會出現在楊桂森、蔣允焄與曹謹等人身上？下文將會有
所討論。

五、傳說形成背景

　　清領時期大量的閩、粵移民進入臺灣，其中以泉州、漳州的
人數最多，兩地風俗都十分重視風水。根據乾隆年間黃任等纂修
的《泉州府志》，即指出地理環境造成當地的風水習俗：「蓋泉地，
阻山窄狹，非如江浙以北，平洋廣土，可以族葬之法施之，故吉
穴、凶穴以及斲傷之說，不盡無驗。」又指出當地搶奪風水的惡
習：「每聽地師及土棍指使，於他人墳山妄生覬覦，賢宦裔微或至
邱隴不庇，甚至僕混主地、孫侵祖穴，往往而有。」[32]另根據明
萬曆年間劉庭蕙等纂修的《漳州府志》，指出當地的風水葬俗：「營
葬一節，見窘陰陽家，歲月遷延，十室而九。」[33]同治十年（一

---

[31] 詳見蔡蕙如：〈林道乾傳說中「早發神箭」母題的探討〉一文，網址：http://ws.
twl.ncku.edu.tw/hak-chia/c/chhoa-hui-ju/lim-to-khian.htm

[32] 黃任等纂修：《泉州府志》（泉州：泉州志編纂委員會，1984年），卷20，
頁15b-16a。

[33] 劉庭蕙等纂修：《漳州府志》（台北：國家圖書館漢學研究中心資料室藏明

八七一)陳壽祺等纂修的《福建通志》也指出漳州的風水葬俗:「葬必擇地,其山凹多風,易生水蟻,壙必以灰,富者或以石。貴者樹華表及翁仲、五獸之屬。尤信陰陽公位之說,延地師擇吉土,有數十年未葬者。」[34]可見泉、漳兩地風水習俗之盛行,自然也隨著移民將其帶入臺灣。

　　臺灣的風水習俗最初表現在海峽兩岸的的雙向遷葬行為,有移民奉先人骸骨自臺灣本地歸葬閩、粵原鄉,也有移民定居臺灣成家後,返回閩、粵原鄉起出先骸改葬臺灣。隨著風水觀念逐漸在本地生根,許多地方士紳開始習染堪輿數術,堪輿地師也漸漸受到重視,民曆與通書的流行更加速風水觀念的散佈,以致官方與民間在宅居庭園的擇建、寺觀廟宇的興修、官署與城垣的設置興建、墳地的擇葬等,無不表現出強烈的風水觀念,並且嚴守不得傷害龍脈、毀宅傷墳等風水禁忌,對於早期臺灣的土地開發與社會發展有重要的影響[35]。在此一風水習俗的籠罩下,許多風水地理的傳說也紛紛出現,流傳最廣的是起曆師父的「雞肫曆」傳說與地理師報復的「臭羊肉」傳說[36];另外各地的富豪之家也都有其風水傳說,如大龍峒陳家建於蛤蟆穴;霧峰林家的祖墳建於螞蟻穴;板橋林家則因門廳面對觀音山、大屯山龍蟠虎踞的風水,才能成為臺灣的首富[37]。

　　「京官來台敗地理」的傳說自然也是臺灣風水習俗下的產物,不過其歷史性更強,尤其朝廷為防止真命天子的出現,而派京官來

萬曆年間刊本),卷 23,頁 2a。

[34] 陳壽祺等纂修:《福建通志》(台北:華文書局,1968 年),卷 56,頁 22a-b。

[35] 詳見洪健榮:《清代臺灣社會的風水習俗》(台北:臺灣師範大學歷史研究所博士論文,2003 年),頁 85-182。

[36] 這兩則傳說也成為臺灣許多風水傳說的母題,詳見簡齊儒:〈支付與回報、試煉與公理──從「社會交換論」觀點探析臺灣地理師風水傳說〉,《興大人文學報》33 期(2003 年 6 月),頁 185-190。

[37] 林衡道:〈臺灣的民間傳說〉,頁 671。

台敗壞地理的情節，更與清代臺灣的社會動亂有密切關係。眾所皆知，清代臺灣的動亂至為頻繁，民間素有「三年一小反，五年一大反」、「任反不成，任征不平」、「七、八年一小鬪，十餘年一大鬪」的謠諺。依據許雪姬的統計，自康熙二十三年（一六八四）至光緒二十一年（一八九五），清領臺灣的二百一十一年間，共發生一百五十四次謀逆、盜亂、番害、分類械鬪等動亂，平均每一·三六年即有一次[38]。清廷視這些動亂發起者為賊匪，但民間卻有人將他們當作「真命天子」，最有名的即是「鴨母王」朱一貴。相傳朱一貴以養鴨為業，可以像軍隊般指揮鴨群，且其飼養的母鴨，每天都生兩個蛋。有天他在溪邊洗臉，看見水面自己的倒影，頭戴通天冠，身穿黃龍袍，自以為是真命天子，於是起兵反清。又傳說有一國公夜觀星象，看見月眉潭鴨母寮上空有兩道紅光，知朱一貴為真命天子，乃勸其起兵反清[39]。雖然傳說以起事者為真命天子，但事實上這些動亂最終都為清廷所平定，民間為解釋起事失敗的原因，自然衍生出「京官來台敗地理」的傳說。

　　因此，「京官來台敗地理」傳說雖是臺灣風水習俗下的產物，但能在本地廣泛流傳，實與頻繁的社會動亂有所關聯。社會動亂直接衝擊到人民生活，自為人民所關切談論；加上起事者敢於與官府對抗，本身即具有傳奇的色彩，更容易衍生各種傳說。當民間面對這些頻繁的社會動亂，最終卻都為朝廷平定的現象，也只能歸因於風水地理所致，故而造成「京官來台敗地理」傳說的流行。

---

[38] 許雪姬：《清代臺灣的綠營》（台北：中央研究院近代史研究所，1987 年），頁 99-111。

[39] 莊吉發：〈世治聽人，世亂聽神——清代臺灣民變與民間信仰〉，《臺灣文獻》52 卷 2 期（2001 年 6 月），頁 223。

六、傳說附會曹謹的原因

　　「京官來台敗地理」傳說，雖然是臺灣的風水習俗與社會動亂交互作用下的產物，但在清代眾多來台的官吏中，為何會獨獨發生在楊貴森、蔣允焄與曹謹等人的身上？胡萬川推論是與這些官吏在台任內從事許多建設工事有關，如楊桂森「嘉慶十五年，調任彰化，以吏治民生為心。彰化故竹城，桂森集紳民，捐資十四萬，易以磚城。其東八卦山，俯瞰城中，復建寨其上，名曰定軍。十六年，重修學宮，塗以丹艧，護以石欄，建登瀛橋於泮池之上，規模宏大……十七年，兼署鹿港同知，鹿港街尾，溪流沖決，崩壞甚多，桂森捐俸倡造，更築堤兩旁，由是鹿港永無水患，里人德之，呼為楊公橋。」[40]蔣允焄「（乾隆）二十八年移知臺灣府事，三十四年擢分巡臺灣道。允焄平易近人，因俗為政……浚南湖，就畔建書院……新修塭岸橋，使濫流就範，蓄洩灌溉，且利道途，民德之，立碑誌焉。好建園亭，有半月樓、鴻園、褆室十三勝等目，曾豔稱人口。」[41]不論是楊桂森的築磚城、建山寨、修學宮、築河堤；或是蔣允焄的浚南湖、建書院、修塭岸橋、建園亭；都是在其短短幾年任期內所推動的建設工事，以當時臺灣民間地理風水的習俗，自然會引起人民的疑慮與猜測，而衍生出「京官來台敗地理」的傳說[42]。

　　胡萬川的說法頗能解釋此一傳說的形成原因，前述明代周德興的傳說亦可為之佐證。同樣的，曹謹以一年的時間開鑿總長四萬三

---

[40] 黃典權等編纂：《重修臺灣省通志》（南投：臺灣省文獻委員會，1998 年），卷 9，頁 165。

[41] 同上註，頁 130。

[42] 胡萬川：〈土地‧命運‧認同──京官來臺灣敗地理傳說之探討〉，頁 11-14。

百六十多丈的曹公圳，灌溉範圍廣達三萬一千五百多畝田地，自然
對鳳山地區的地理風水造成巨大的衝擊，當地部分居民的不滿與反
彈亦可想而知；鄭坤五《鯤島逸史》即對此有所描寫，曰：

> 乃猶有固執，到郡上抗爭者，雖訴狀被上司卻下，斥其迷信
> 風水，妄誕無稽，尚不省悟，囂囂不休，暗刁唆黨類，阻礙
> 工事進行者不少。……如工事中有一頑民，謂圳路適通過其
> 祖墳，須遷徙其墓於別地，是使其祖父靈魂受難，為兒孫者，
> 不忍坐視。然又無法可以阻擋，誓以一死謝祖父，手持麻繩，
> 到開圳工寮欲自吊。復有老婦人，謂圳路沖犯其家門有煞，
> 其子三日前被煞死，皆屬被開圳路之土神沖犯所致。她牽著
> 三個孫兒臥倒在開掘中之圳底，要求眾工人給她活埋。[43]

　　鄭坤五曾於一九二〇年擔任首任大樹庄庄長，又長年居住在曹
公圳的源頭九曲堂，對於曹謹的開圳事蹟應是知之甚詳。因此，《鯤
島逸史》雖為一部歷史小說，但此書乃鄭坤五「廣引各地縣志，採
錄故老口碑」[44]而寫成，故仍有很高的參考價值，也可看出曹謹在
開圳過程中應曾遭地方居民以風水問題的阻撓，而非僅如方志所
言：「（曹謹）集紳耆，召坊匠，興工鑿築。公餘之暇，徒步往觀，
指授方略，雜以笑言，歡若家人婦子。以故趨事者益眾。」[45]這般
的輕鬆順利。

　　事實上，許多清代臺灣官員在推動建設工事時，也常會考慮到
自身或居民的風水問題，如乾隆四十年（一七七五）臺灣知府蔣元
樞整建台郡城垣時，主張「除將舊柵修其殘缺外，又將被侵舊址，

---

[43] 鄭坤五：《鯤島逸史》（高雄：高雄縣立文化中心，1996年），頁242。
[44] 同上註，頁16。
[45] 盧德嘉編纂：《鳳山縣采訪冊》（台北：臺灣銀行經濟研究室，1960年），頁258。

逐為清釐；仍恐有礙居民廬墓，因其地勢酌為變通，以期無擾。」[46]
顯然已考慮到整建城垣會侵害居民風水的問題。又如乾隆十五年
（一七五〇）臺灣知府方邦基與知縣魯鼎梅進行縣署遷移工程，曾
提到遷移原因亦為風水考量，曰：「雖風水之說，不可盡信；但歷
有凶徵，難免視為畏途。且印官屢易，地方政務日以廢弛，似應擇
吉而遷，俾該令安心蒞事，庶為有益。」[47]而曹謹對於風水的態度，
在文獻史料上並無記載，但可從其〈墓誌銘〉所載在內地的為官事
蹟中略窺一二：「時大旱，大吏迎胡神於鼓山禱雨，官吏奔走跪拜
街衢間；君獨屹立。或問之，以不載『祀典』對；勸之拜，不從；
以大吏怵之，不顧。」[48]此事透露出曹謹剛毅正直的性格與堅守原
則的態度，敢於拒斥非屬正統的巫術信仰；從此亦可推測曹謹對於
台地的風水信仰，應持拒斥而不退讓的態度，或許因此與鳳山當地
居民有所衝突，而將「京官來台敗地理」傳說附會到曹謹身上。

　　另外，胡萬川也指出蔣允焄任內發生了黃教之亂，對於「小蔣」
敗地理傳說的形成也起了很大的作用[49]。同樣的，曹謹在鳳山知縣
任內也發生了張貢之亂，根據當時臺灣道姚瑩的奏摺所述：張貢寄
居鳳山縣岡山地方，平日遊蕩，結交匪類，道光十八年（一八三八）
三月行竊莊景牛隻，被告官緝捕，乃糾眾謀反，首夥共有股首、旗
首、旗腳等六十四人。同年九月聚眾起事，搶奪汛兵兵器及莊民財
物，並約定豎旗謀逆，先攻汛房，再攻縣城；然正糾謀間，曹謹風

---

[46]　蔣元樞：〈重修臺灣郡城圖說〉，《重修臺郡各建築圖說》（台北：臺灣銀行
　　經濟研究室，1970年），頁1。

[47]　王必昌等編纂：《重修臺灣縣志》（台北：臺灣銀行經濟研究室，1960年），
　　卷3，頁92-93。

[48]　李堂（棠）階：〈曹君懷樸墓誌銘〉，收入《續碑傳選集》（台北：臺灣銀行
　　經濟研究室，1966年），頁79。

[49]　胡萬川：〈土地・命運・認同──京官來臺灣敗地理傳說之探討〉，頁14-15。

聞，帶兵拏辦，終將賊匪一一捕獲，張貢等首謀並依謀反論罪，凌遲處死[50]。張貢之亂的發生時間正與曹公圳開鑿的時間相同，當地居民極有可能將兩事相附會，而在「曹公開圳與龍母鬥法」傳說後，又出現「赤山出皇帝」的情節，那個赤山人想望的「真命天子」應即是謀反不成的張貢。

七、傳說所反映的民間思想與禁忌

再回到曹謹的傳說本身來看，它也反映了臺灣的民間禁忌及先民的宿命思想。一般堪輿家認為「地理之道，首重龍；龍者，地之氣也」、「凡欲擇地，先辨來龍」、「既已識龍，方可言穴」。龍脈乃地理風水的根本，它主宰地方人事的吉凶禍福，也攸關都郡城鄉的興衰起落，因此必須謹慎維護，並保持完整，如妄加穿鑿或破壞，使龍脈傷殘、地氣發洩，則旺氣必定消失，地方也難逃災禍。由於龍脈關係一地的禍福興衰，是故地方領導階層多將保護龍脈當作維護區域安寧與保障家族福祉的要事，而地方官員也會基於保境安民的考量，將保護龍脈視為任內政通人和的重要項目[51]。但在「曹公開圳與龍母鬥法」的傳說中，曹謹因開圳而須傷及龍脈，甚至穿鑿其最重要的龍喉，實已觸犯龍脈的禁忌，自難為部分地方人士所接受，而將其視為敗壞赤山地理的元凶。

另在此一傳說中，用來對付龍母的銅針、黑狗血，也是敗壞地理常見的兩樣武器。何謂銅針、黑狗血？有各種不同的說法，有的

---

[50] 姚瑩：〈審辦南北兩路謀逆結會匪徒奏〉，《東溟奏稿》（台北：臺灣銀行經濟研究室，1959年），頁5-13。

[51] 詳見洪健榮：《清代臺灣社會的風水習俗》，頁169-173。

指其為一物，即女人生產完後所排出的惡露[52]；有的認為分屬兩物，銅針主要是指胞衣、初生男嬰頭蓋骨凹陷處的胎毛、女人的陰毛等；黑狗血則為處女的初潮、初生男嬰的胎衣血水等[53]。這些所謂的「銅針、黑狗血」，也反映民間對血液、月經、女性及生產的禁忌。原始人類常將血液與生命連結在一起，流血的野獸、敵人及其伴隨的痛苦、死亡，都使人不由得對血液產生敬畏感，認為其代表著生命、神力、避邪、戰勝危機的神祕力量。在這種「血液禁忌」（blood-taboo）中，女人的月經尤為神秘，因為它只規律出現在年輕及中年的婦女身上，且流失經血並不會帶來痛苦、死亡，也無法在短時間止血結疤，這些都違反人類對血液的認知，因此對其感到不解、恐懼，而產生「月經禁忌」；其中又以初次月經最為嚴屬，有些民族甚至規定初潮少女不得觸及地面或看見太陽[54]。「月經禁忌」加上傳統女性地位的低落，也使女性成為「不潔」、「不祥」的象徵，產生許多「女性禁忌」，如許多社會男性專用的武器、工具，都不准女性接觸，否則將會失靈失效；而許多特殊儀式或神聖場合，也都不准女性參加，以免受到污染。在月經、女性的雙重禁忌下，一切與生產有關者也都是污染的，如男人不准進產房，以免被產婦的污血所沖犯；初生兒的胞衣則要置於罐中，並丟入潭底[55]；而嬰兒的胎髮因沾有母體的血污及穢氣，也要在百日或滿月剃除，

---

[52] 胡萬川總編輯：《台南縣閩南語故事集（五）》（台南：台南縣文化中心，2002年），頁51。

[53] 詳見林曙光：〈圳、曹公、曹公圳〉，頁82；鳳邑赤山文史工作室：〈曹公開圳與龍母鬥法〉；林美容：《鄉土史與村庄史——人類學者看地方》（台北：臺原出版社，2000年），頁248。

[54] 李金蓮：〈女性、污穢與象徵：宗教人類學視野中的月經禁忌〉，《宗教學研究》3期（2006年），頁154。

[55] 李亦園：《文化與修養》（台北：幼獅文化，1996年），頁72。

以免觸犯神靈[56]。因此，「銅針、黑狗血」不論是女性的惡露、初潮、陰毛，或是初生兒的胞衣、胎髮等，都是流傳民間的血液、月經、女性及生產等禁忌下的產物，這些禁忌物既是先民所恐懼避諱的，自然也可以用來對付鬼怪精靈，而成了制伏地龍、敗壞地理的靈物。

　　在上述「曹公開圳與龍母鬥法」及其同類型傳說中，常會出現一段情節：官府在開圳、敗地理或抓人時陷入困境，都是乞丐或工人偷聽到鬼怪精靈的對話，自暴其弱點，而為官府所順利克服。此一「無意中聽到或偷聽到秘密（或罩門）的洩漏」情節是屬於世界性的母題[57]，也反映出先民的宿命思想。早期臺灣移墾社會充滿天災與人禍，當先民面對生命的無常與苦難，卻又無力去掌控或改變時，只能將一切歸於命運的安排，因此民間流傳著「萬般都是命，半點不由人」、「落土時，八字命」、「生死禍福天註定」、「命裏有時終須有，命裏無時莫強求」等許多勸人聽天由命的諺語。在上述的情節中，鬼怪精靈本是法力高強，無人可敵，連官府也莫可奈何；但卻在無意中將自身弱點洩漏出去，而為卑微的乞丐或工人所得知，終使官府順利破解。此一局勢的逆轉，歸因於許多意想不到的巧合，只能用「命中註定」來解釋這一切，體現了先民的宿命思想[58]。

---

[56] 任騁：《中國民間禁忌》（台北：漢欣文化，1993年），頁278。

[57] 詳見林欣育：〈地理、巫術與認同：美濃地區地形破壞傳說之探討〉，六堆歷史文化與前瞻學術研討會（2007年9月），頁7，網址：http://www.elitepco.com.tw/Liuktui/images/1-11.pdf

[58] 此一強調命運的宿命觀故事，在臺灣民譚中佔有較大比例，也是異於外國民譚的特點之一。（施翠峰：〈臺灣民間故事的發展及其內容〉，《漢學研究》8卷1期，1990年6月，頁679）

八、結語

綜上所述,有關曹謹開鑿曹公圳的「曹公開圳與龍母鬥法」與
「赤山出皇帝」傳說,是屬於在臺灣中、南部流傳甚廣的「京官來
台敗地理」類型。這類傳說的源頭應來自於閩南地區,隨著地理風
水習俗在臺灣日益生根,加上本地社會動亂的頻繁,而附會在楊桂
森、蔣允焄等任內有大量建設工事或曾平定動亂的官員身上。曹謹
在鳳山知縣任內開鑿曹公圳,又曾平定張貢之亂,因此也成為「來
台敗地理」的「京官」;其傳說並反映了民間對龍脈、血液、月經、
女性及生產等禁忌及先民的宿命思想,深具研究的價值。

政治學者張純明分析漢代至清代正史所載之〈循吏傳〉、〈良吏
傳〉或〈能吏傳〉中所列之地方官吏,歸納出具有三大特徵:一、
改善人民的經濟生活;二、提升人民的文化與社會生活內涵;三、
有效處理訟案;此即孔子所重視的「富之」、「教之」及「無訟」[59]。
如以循吏此三大特徵,衡量曹謹在鳳山知縣任內政績,其開鑿曹公
圳使「向之所謂旱田,至是皆成上腴矣」[60],農作收成因而倍增,
民家多有餘糧,也根本解決盜匪問題;又禮聘侯官人蔡徵藩主講「鳳
儀書院」[61],「繕城郭,修衙署,勤聽斷;士涉訟庭,面斥不恕」,
以致「去之日,祖餞者至數千人」[62];誠為一「所居民富,所去見
思」的循吏。然而,以曹謹這般受縣民愛戴的循吏,尚在地方流傳

---

[59] 轉引自湯熙勇〈恆春知縣陳文緯的政績——晚清臺灣一個循吏的個案研
究〉,《中央研究院三民主義研究所專題選刊》(1988 年),頁 17。

[60] 熊一本:〈曹公圳記〉,收入盧德嘉編纂:《鳳山縣采訪冊》,頁 85。

[61] 陳衍編纂:《福建通志列傳選》(台北:臺灣銀行經濟研究室,1964 年),
卷 38,頁 270。

[62] 盧德嘉編纂:《鳳山縣采訪冊》,頁 258。

著其敗壞地理的傳說，這一方面反映臺灣民間風水觀念的根深柢固，另方面也凸顯循吏「教之」的不易，需要對民間文化有更多同情的瞭解，方能實現化民成俗的理想。

　　胡萬川曾指出「京官來台敗地理」的傳說，反映臺灣人自我定型化以及族群定型化（Self-stereotypes and ethic/national stereotypes）的身分認同問題，它劃分出一道「外來官員（他們）／臺灣本地人（我們）」的界線，這些「京官」都是不被信任的外來者，他們來的目的就是敗壞臺灣的好地理，讓臺灣不出人才，讓臺灣人永世不得出頭[63]。當然，這種說法對曹謹而言並不公允；但從鳳山地區至今仍流傳此類傳說，則可看見其背後所隱含的族群或社區認同（Identification），仍存在著不可輕忽的作用，值得吾人正視與省思。

---

[63] 胡萬川：〈土地‧命運‧認同──京官來臺灣敗地理傳說之探討〉，頁 18-19。

半屏山的由來傳說初探

一、前言

　　傳說乃指描敘某個歷史人物或歷史事件、解釋某種風物或習俗的口述傳奇作品，主要可分為描敘性與解釋性兩大類，前者以歷史人物為敘述中心，從不同方面對主人公的品格、才識、思想、言行等進行刻劃與渲染；後者則以地方風物、習俗為敘述中心，大多在解釋說明其名稱、特徵之由來，但此一解釋並非科學的，而是附會的、藝術的、想像的產物，反映故事創造者的世界觀、人生觀、思想情緒、社會的或道德的理想，其深層功能及實際價值與前者並無差異[1]。

　　解釋性傳說涵蓋山川名勝、風物特產、動植物及風俗習慣等，在中國尤以山川名勝傳說最為豐富，不論是知名的桂林山水、西湖勝景、三峽景緻、五嶽奇峰等，或是鄉野村落中不起眼的小溪及山崗，都流傳著各式各樣的傳說，可謂「一步一奇景，景景有傳說」，為自然風光與建築景觀增添許多傳奇色彩，也增進觀光遊覽的話題與情趣[2]。

---

[1]　詳見程薔：《中國民間傳說》（杭州：浙江教育出版社，1995 年），頁 6、20、106-107。

[2]　同上註，頁 107-110。

　　臺灣地區有關山川名勝的傳說亦不少，不過大多與歷史人物傳說相附會，如鄭成功傳說中的出米岩、鶯歌石、鳶山、蟾蜍山、龜山島、拇指山、劍井、劍潭等[3]；「嘉慶君遊臺灣」傳說中的榕樹王莊、金港湖、大安港等[4]；「楊本縣敗地理」傳說中的草屯大哮山、埔裏牛眠山、大甲溪等[5]；林道乾傳說中的打狗山、旗後山等；而單純解釋山川名勝由來的傳說相對較少，也少有學者進行研究[6]。

　　位於高雄市左營、楠梓交界的半屏山，在清代為鳳山八景之一的「翠屏夕照」[7]，留傳有許多詠歎的詩作，雖然戰後的生態環境一度遭到破壞，但至今仍是進出北高雄的重要地標，也是與蓮池潭相互輝映的知名景點。尤為難得的是，半屏山擁有許多有趣的傳說，僅解釋其由來者即有三種不同類型的傳說，見諸文字的異文（variants）更高達十餘則，有的隱寓戒貪教化的意義，有的擴及其周邊地景形成的描述，還有的牽連到中國大陸的相似山形及海峽兩岸的隔絕，頗能展現出解釋性傳說具有多元性與不穩定性的特點[8]。

---

[3]　詳見蔡蕙如：《與鄭成功有關的傳說之研究》（台南：台南市立文化中心，1998 年），頁 66-139。

[4]　林文龍：《臺灣掌故與傳說》（台北：臺原出版社，1992 年），頁 40-76。

[5]　同上註，頁 118-123。

[6]　就筆者所見，此類型傳說的研究主要集中在澎湖七美的「望夫石」及彰化、高雄的「七星墜地」等景點，前者有彭衍綸〈澎湖七美望夫石傳說的形成、聯繫、流傳歷史〉（《臺灣文學研究學報》4 期，2007 年 4 月）、〈無情山石有情人——澎湖七美望夫石傳說探析〉（《咾咕石：澎湖縣文化局季刊》29 期，2002 年 12 月）等文；後者有蔡蕙如〈從地形地物傳說到地形地物信仰——以「七星墜地」傳說為例〉（《臺灣風物》54 卷 3 期，2004 年 9 月）、黃福鎮〈高雄內門七星墜地及其傳說〉（《歷史月刊》148 期，2000 年 5 月）等文。

[7]　另有一說指「翠屏夕照」乃在大社觀音山，下文將有討論辨正。

[8]　程薔：《中國地方風物傳說》（北京：中國廣播電視出版社，1996 年），頁 2。

　　有鑑於迄今尚無專文研究半屏山的由來傳說，筆者不揣淺陋，擬先討論清代文獻史料中有關半屏山的記載，探究其地景特徵及傳說基礎；再就文本（Text）中各類型傳說進行分析，重點在傳說的母題（motif）、產生的原因、目的及其背後所隱含的思想與情感，希望能藉以跨出半屏山傳說研究的第一步，並喚起學者對臺灣山川名勝傳說的關注。

二、半屏山的地景特徵與傳說基礎

　　半屏山的由來傳說，至晚在一九二〇年代即已流傳[9]，故從清代臺灣文獻的有關記載，可探究此一傳說的形成背景。清代方志中最早記載半屏山者，為蔣毓英主修的《臺灣府誌》[10]所記曰：

> 在小崗山西南，其山面頗平，遙望之如崩一半，故名「半崩山」。或云山形如半屏，一名曰「半屏山」。堪輿家傳有墳屋向此山者，主凶敗。[11]

　　可見半屏山之方位在小崗山的西南邊，又名半崩山，主要是因山形所致。堪輿家所言，至今仍可見之於後勁地區，當地古厝大多朝東或東南，不同於一般老厝的坐北朝南。根據後勁的匠師指出，

---

[9] 　就筆者所見，在《台南縣閩南語故事集（一）》（台南：台南縣文化局，2001年）有〈半屏山和大崗山〉、〈半屏山的由來〉等兩則傳說，采錄時間為2000年，講述者林文振78歲，據表示是在十來歲時，聽到二十歲左右的叔叔閒聊所說。如就此推算，則林文振聽到的時間約在1930年代，而其叔叔約在1920年代聽到此傳說。

[10] 　該書在康熙二十四年已寫成初稿，定稿在康熙二十六年以後，但並未刊行，直至康熙三十四年高拱乾修《臺灣府志》，乃將其草稿「消化」其中。（詳見陳捷先：《清代臺灣方志研究》，台北：臺灣學生書局，1996年，頁19-20）

[11] 　蔣毓英編纂：《臺灣府誌》（台北：臺灣銀行經濟研究室，1985年），頁29。

看風水者主要依地勢、流水的方向，後勁沃野由東南（低）向西北高，因此面東及東南者多，而面正南者少[12]。

又根據康熙五十八年（一七一九）李丕煜、陳文達等編纂的《鳳山縣志》，有關半屏山的記載漸多，如〈封域志〉之「山川」曰：

> 邑治之山，自大岡山逶邐而南二百有餘里。其近而附於邑治者，如列嶂、如畫屏，曰半屏山（蓮池潭直通於山下）。濃遮密蔭，近接於半屏山之南者，為龜山……是邑治左肩也。秀茂屹立，而特峙於大海之濱者，曰打鼓山……從打鼓山蜿蜒而下，勢如長蛇，為蛇山，是邑治之右肩也。[13]

可知半屏山緊鄰當時鳳山縣治興隆里，與龜山、打鼓山、蛇山並峙，有蓮池潭直通山下，地理位置相當重要，因此附近設有倉廒、社倉、水港及寺廟等[14]，鳳山知縣李丕煜亦作有〈半屏山〉一詩，曰：

> 陡然拔地起，半壁[15]凌芳洲。翠色空宵漢，嵐光鎖綠田疇。鳥道晴峯拱，雲帆碧海收。影入蓮潭水（山下有蓮池潭），千年勝蹟留。[16]

這可能是第一首以半屏山為主題的詩作，作者即為當時的鳳山知縣，顯見半屏山受重視的程度，尤其是「半壁」的山形及與蓮池潭相輝映的美景，更是詩人注意的焦點。

---

[12]　鄭水萍：《後勁大代誌》（高雄：高雄市立中正文化中心管理處，2000 年），頁 19。

[13]　陳文達編纂：《鳳山縣志》（台北：臺灣銀行經濟研究室，1961 年），頁 5。

[14]　同上註，頁 24、25、31、161。

[15]　《鳳山縣志》作「孽」，有誤。（見施懿琳：《全臺詩》第一冊，台南：國家臺灣文學館，2004 年，頁 416）

[16]　陳文達編纂：《鳳山縣志》，頁 429-430。

在乾隆二十九年（一七六四）王瑛曾編纂的《重修鳳山縣志》，有關半屏山的記載更為豐富，如〈輿地志〉之「山川」曰：

> 半屏山，在縣東北七里。形如列嶂、如畫屏，故名。為文廟左翼，蓮池潭直逼山下，又如展旂，故亦名旂山。[17]

本段敘述較《鳳山縣志》增加「為文廟左翼」的相關方位，並指出半屏山的另一別名「旂山」。

另在〈雜志〉之「災祥」記載：「（雍正）十三年（乙卯）……秋七月，大水溢溪，半屏山石隕。」[18]顯示半屏山土質不甚穩定，早年即有崩塌的情形，這也是造成其山形的主因。根據學者周聞經、張石角及林武男的研究，此山東南坡有斷層通過，西北走向，長約五〇〇公尺，東北方也有小斷層，因此容易山崩，一九六一年及一九六六年也都曾發生過[19]。又在「叢談」有則記載，曰：

> 半屏山，昔嘗有犛在山巔鳴，則近地有火災，甚驗。採捕者見之，捕不可得。聞其鳴，則人知戒火，後莫之所終，今已絕跡矣。[20]

此一傳說流傳甚廣，尤其右昌居民更是深信不疑。據說往昔右昌時生大火，居民咸認為半屏山的火神作祟。終戰後初期，當地居民乃在莒光三村土坡上，砌建一尊約丈高的滅火神「解山王」立像，用來擋火；不過今已拆除[21]。

---

[17] 王瑛曾編纂：《重修鳳山縣志》（台北：臺灣銀行經濟研究室，1961 年），頁 13。

[18] 同上註，頁 279。

[19] 鄭水萍：《後勁大代誌》，頁 13。

[20] 同上註，頁 336。

[21] 蔡義雄等：《半屏山下話左營》（高雄：左營高中，2006 年），頁 10。

　　尤為重要的是,《重修鳳山縣志》首將縣內的八處美景列為「鳳山八景」,其中「翠屏夕照」即是指半屏山的景色。另有一說指「翠屏夕照」乃在今大社觀音山,主要是根據光緒二十一年(一八九五)盧德嘉編纂的《鳳山縣采訪冊》所記載:「觀音山……其麓一巖,名曰『翠屏』,為縣治八景之一(八景中有翠屏夕照即此)。」[22]但如就相關詩文進行分析,則應以半屏山之說為是[23],理由有四:

　　(一)乾隆二十八年(一七六三)任鳳山縣教諭的朱仕玠,在其所著《小琉球漫誌》中收有〈半屏山夕照〉一詩[24],但此詩在《重修鳳山縣志》中卻名為〈翠屏夕照〉[25],顯見「翠屏夕照」即為半屏山之景。

　　(二)在《重修鳳山縣志》中,半屏山有時簡稱為「屏山」,如「學宮」記載:「文廟……廟前有蓮潭,天然泮池。鳳山對峙,屏山左拱,龜山、鼓山右輔。」[26];在柳學鵬〈泮水荷香〉一詩中,亦有「屏山澄翠影,泮壁映餘光」之句[27];此皆指文廟、蓮池潭、半屏山相互輝映的勝景。因此,朱仕玠〈翠屏夕照〉之首句「屏山突兀映高空,樹色山光入望中」,此當即在描寫半屏山之景色。

　　(三)康熙五十四年(一七一五)府學例貢李霂,曾作有〈屏山夕照〉一詩,收入於巡台御史六十七的《使署閒情》一書[28]。此

---

[22]　盧德嘉編纂:《鳳山縣采訪冊》(台北:臺灣銀行經濟研究室,1960 年),頁 21。

[23]　日人編纂的《高雄州地誌》及高雄文史專家林曙光皆持此說,不過並未詳述理由,僅後者推測《重修鳳山縣志》成書時,觀音山翠屏巖可能尚未興建。(見林曙光:《打狗瑣譚》,高雄:春暉出版社,1994 年,頁 26)

[24]　朱仕玠:《小琉球漫誌》(台北:臺灣銀行經濟研究室,1957 年),頁 29。

[25]　王瑛曾編纂:《重修鳳山縣志》,頁 450。

[26]　同上註,頁 157。

[27]　同上註,頁 456。

[28]　六十七:《使署閒情》(台北:臺灣銀行經濟研究室,1961 年),頁 32。

書刊印於乾隆十二年（一七四七），顯見半屏山的夕照美景早為詩人所吟詠，故在後來編纂的《重修鳳山縣志》中列為八景之一，取名為「翠屏夕照」。

（四）在盧德嘉的《鳳山縣采訪冊》中，指出觀音寺「一在觀音山麓（觀音），縣北二十三里，屋八間（額「翠屏巖」）光緒二年恩貢生蘇懷珠募修。」[29] 此即其以「翠屏夕照」在大社觀音山的根據所在。此一「翠屏巖」的興建年代不詳，但在《重修鳳山縣志》中卻無記載，以該書首次將「翠屏夕照」列入八景，當不致遺漏此一重要寺廟；換言之，「翠屏巖」興建年代應在《重修鳳山縣志》刊印之後，亦即「翠屏夕照」不可能在大社觀音山。

因此，有關「翠屏夕照」、「屏山」及「半屏」的詩作，皆在描寫半屏山的風光，《全臺詩》中收錄頗多，計有覺羅四明、卓肇昌、王賓、林夢麟、朱仕玠、柳學鵬、黃夢蘭、陳廷瑚、陳登科等人的〈翠屏夕照〉及卓夢采〈半屏列嶂〉、李霨〈屏山夕照〉、錢時洙〈登屏山〉、錢元煌〈登屏山遇樵者〉、朱仕玠〈半屏山〉等詩作，顯見當時半屏山頗具聲名，吸引詩人爭相吟詠，也為它增添更多的話題與想像。

在這些吟詠半屏山的詩作中，較值得注意的是卓肇昌〈翠屏夕照〉，詩曰：

> 瞥見山光展翠屏，熹微嵐氣傍昏冥。參差掩映松杉色，點綴模糊鳥獸形。影落閒雲仙髻渺，山回殘照佛頭青。何當半面繪圖設，翹首無由問五丁。[30]

29　盧德嘉編纂：《鳳山縣采訪冊》，頁 171。
30　王瑛曾編纂：《重修鳳山縣志》，頁 451。

　　此詩的五、六句，以「仙髻」、「佛頭」來形容山形，頗能凸顯山與仙人的神秘關係；而七、八句則觸及到半屏山的由來，作者以古代「五丁開山」的典故入詩[31]，表現出對其特殊山形的好奇與想像。另外，朱仕玠的〈半屏山〉，詩曰：

> 茲山名肖形，屈膝裂半曲。造物憎美盡，慳此黛色足。自昔蘊精靈，警火鳴逸躅。獵徒欲置捕，奇獸寧國育。新曦相照耀，時霏深櫛沐。哀猿啼一聲，蕨迸萬莖綠。（猿啼地蕨乃多，每一聲遽生萬莖；見林下清錄）[32]

　　此詩描寫半屏山「警鳴戒火」及「猿啼蕨生」的兩則傳說。半屏山相傳原有臺灣獼猴，因不堪日人軍事工程及後來的水泥開採，而集體沿今水管路遷移至大崗山（或觀音山）[33]。此一獼猴遷徙傳說可與「猿啼蕨生」相呼應，證明清代的半屏山上確有猿猴存在，且為此山帶來許多神奇色彩。

　　盧德嘉《鳳山縣采訪冊》中有關半屏山的記載，大致與《重修鳳山縣志》相同，僅略作增補，如〈地輿志（二）〉的「諸山」記曰：

> 半屏山，在半屏里，縣西北十七里，平地起突，高二里許，長六里許。形如列嶂、如畫屏，故名。為聖廟左翼，蓮花潭直逼山下，又如展旂，故亦名旂山。山腰有竅，洞闊丈許，深不見底，相傳其下通海云。[34]

---

[31] 此一典故出於《華陽國志》、《蜀王本紀》、《水經注》等書，內容大概為戰國中後期，秦惠王欲伐蜀國，但為群山阻隔，乃請人鑿刻五隻巨大石牛贈送蜀王；蜀王為將石牛拖回，乃派五個大力士開山闢路，而成金牛古道，此即「五丁開山」的傳說。

[32] 朱仕玠：《小琉球漫誌》，頁29。

[33] 鄭水萍：《後勁大代誌》，頁19。

[34] 盧德嘉編纂：《鳳山縣采訪冊》，頁34。

本段除增加「山腰有竅」的傳聞外，主要是記載當時半屏山「高二里許，長六里許」。此一數據如換算今之度量單位[35]，則當時山高約有一千一百公尺，長約三．五公里，而今之半屏山「長約二．七公里，寬約〇·八公里，原來的最高處約為二二三公尺，後經採礦與自然力侵蝕，目前的高度為一七〇公尺。」[36]兩者相差甚大，一方面歸因於清代並無科學測量儀器，而以人從山下走到山上的距離推估；另方面則顯示此山在自然崩塌與人為開發下，已有「縮水」的現象。

綜合以上清代文獻有關半屏山的記載，可知此山的山面甚平，如列嶂、畫屏，故又名半崩山、旂山、屏山。半屏山位置緊鄰清初鳳山縣治興隆里，周邊有蓮池潭、龜山、文廟等，地理位置甚為重要，景色亦甚迷人，清初即有鳳山知縣的吟詠詩作，後來列為「鳳山八景」之一的「翠屏夕照」，文人詩作益多，為此山帶來許多話題與想像；而自古流傳「面山凶敗」、「礜鳴戒火」及「猿啼蕨生」等傳說，也為其增添神奇的色彩。由於半屏山的奇特山形，加上文人及民間對此山的欣賞、好奇與想像，逐漸形成各式各樣的傳說，其中以由來傳說最為豐富，以下即分為「教化型」、「地景型」及「兩岸型」等三類，一一加以討論。

三、教化型傳說

在半屏山的由來傳說中，有些是帶有濃厚的教化意義，勸導世人應知足、不貪心，故將其歸為「教化型」傳說。此一類型傳說有

---

[35] 清光緒年間的一里等於現今的五七六公尺。
[36] 蔡義雄等：《半屏山下話左營》，頁7。

兩種,一為〈仙人賣石餅〉,一為〈和尚挖米〉。〈仙人賣石餅〉傳說的內容大概如下:

> 有一個仙人到凡間來收徒弟。他到高雄看見一座山,用扇子一搧,山就崩了一半,塌下的土石變成一個個大餅。仙人叫賣:「一文錢,買一枚;兩文錢,任意拿。」一時之間,湧來人山人海,大家都買兩文錢,貪心地搬走一堆大餅。後來出現一個少年,他只買一文錢,吃完大餅後,再買一文錢,眾人皆笑他是傻瓜。仙人終於找到一個不貪心的人,乃將他收為徒弟;而這座崩了一半的山,即是半屏山。[37]

此一神仙藉著賣餅來試驗人心,導致山形缺損的情節,也出現在具有相似景觀的地方,例如新竹、桃園交界處及台北坪頂的「圓仔湯嶺」都有類似傳說[38],只不過餅換成了湯圓,半屏山也換成了嶺上有一土坑的「圓仔湯嶺」。

林衡道曾指出此類傳說的來源,當是以湖北武昌黃鶴樓之傳說為藍本,改頭換面,潤飾而成的[39]。根據《江夏縣志》引明代《報恩錄》的記載,曰:

> 黃鶴樓原為辛氏樓,辛氏市酒山頭,有道士數詣飲,辛不索資,道士臨別,取桔皮畫鶴于壁,曰:「客至拍手引鶴,當飛舞佐觴。」遂致富。十年,道士復至,取所佩鐵笛數弄,

---

[37] 婁子匡:〈半屏山〉,收入陳慶浩、王秋桂主編:《中國民間故事全集·臺灣》(台北:遠流出版社,1989 年),頁 56-59;施翠峰:《臺灣鄉土的神話與傳說》(彰化:彰化縣立文化中心,1995 年),頁 91-94。

[38] 蔡德音:〈圓仔湯嶺〉,《第一線》(1935 年 1 月 6 日),頁 32-34;林衡道:〈臺灣的民間傳說〉,《漢學研究》8 卷 1 期(1990 年 6 月),頁 668;林藜:〈賣圓仔巧試人心〉,《臺灣民間傳奇(七)》(台北:稻田出版社,1995 年),頁 12-19。

[39] 林衡道:〈臺灣的民間傳說〉,頁 668。

須臾，白雲空飛來，鶴亦下舞，道士跨鶴去，辛氏在其地建樓，曰辛氏樓。[40]

此一傳說雖同為山川名勝傳說，也有神仙試驗人心的情節，不過較著重於報恩的意義，與教人不可貪心的〈仙人賣石餅〉或〈圓仔湯嶺〉傳說，有明顯的不同。另在福建泉州流傳有洛陽橋的傳說，其部分情節與〈仙人賣石餅〉傳說更為接近，內容略以：

> 蔡襄興建洛陽橋，感動了仙佛，紛紛幫助籌款。有一仙人化成在工地賣湯圓的老頭，他的湯鍋只浮著兩顆湯圓，其餘都沉在鍋底。他叫賣著：「一個錢買一個，兩個錢任意撈。」結果大家都買兩個錢，拼命往鍋底撈，生意非常興隆。後來有個調皮的仙人，化身買湯圓的，只買一個錢，撈起鍋面上浮起的一顆，準備再買一個錢，撈起另一顆時，賣湯圓的仙人發現被識破，馬上變不見。原來鍋面浮起的兩顆湯圓是仙人的眼珠化成的，鍋底的湯圓則是八公山泥土捏成的，八公山也因此少了一半。[41]

此一傳說中仙人賣湯圓的動機乃為籌款，買一錢者也換成調皮的仙人，與「仙人賣石餅」傳說有所不同；但其故事在諷刺世人的貪心，結果導致某座山少了一半，則都與〈仙人賣石餅〉相同。因此，如再考量福建泉州為清代臺灣移民的主要原鄉，則此一洛陽橋傳說的情節對臺灣〈仙人賣石餅〉類型傳說的影響，當較黃鶴樓傳說更為直接而明顯。

---

[40]　（清）王庭楨修、彭崧毓纂：《湖北省江夏縣志》（台北：成文書局，1975年），頁 1070-1071。

[41]　林漢三：〈洛陽橋傳奇〉，收入陳慶浩、王秋桂主編：《中國民間故事全集・福建》，頁 79-85。

　　然而，不論是湖北的黃鶴樓、福建的洛陽橋，還是臺灣的半屏山、圓仔湯嶺等傳說，都是屬於「神仙考驗」型的故事。此一類型故事起源甚早，最具代表性的是《史記》中黃石老人試驗張良的傳說，可見在漢代「神仙考驗，試探人心」型故事即已基本定型。漢代以後，在道教與佛教的經典中，都可以看到此一類型的故事，如道教重要經典，東晉葛洪的《神仙傳》中〈李八百〉、〈魏伯陽〉、〈壺公〉、〈太真夫人〉等篇及佛教經典中〈普賢試曇翼〉、〈救命池〉等故事，都有「神仙考驗」的情節。宋元以降，「八仙」傳說故事大盛，也延續「神仙考驗」的情節，最有名的是〈雲房十試呂洞賓〉及〈呂純陽度仙〉，故事主角都是呂洞賓，這也使祂成為後來此一類型故事中的「箭垛式」人物[42]。明清筆記小說中，記述「神仙考驗」型故事的文本依然常見，其中尤以「試探人心」的小故事最為精采，因為它貼近民眾的生活，常在不起眼的事務上分辨人心的善惡[43]。此一「神仙考驗」類型故事流傳到各地，只要具有類似的景物特徵，就被當地人們附會在一起，於是出現在不同地區的山川風物，卻有相同傳說情節的「故事黏附化」現象[44]。

　　這種「故事黏附化」的現象也同樣出現在半屏山的另一則傳說〈和尚挖米〉，內容大概如下：

---

[42] 所謂「箭垛式」人物，指人們把一些同類故事集中地安在這一人物的身上，就像千萬枝箭射在一個鵠的上的現象。在半屏山「仙人賣石餅」的傳說中，有的版本即以呂洞賓為主角，如蔡義雄等：《半屏山下話左營》，頁 8-9；胡萬川總編輯：《桃園市閩南語故事集（一）》（桃園：桃園縣文化局，2002年），頁 14-21。

[43] 詳見顧希佳：〈疾風知勁草，烈火煉真金──「神仙考驗」故事解析〉，收入劉守華主編，《中國民間故事類型研究》（武漢：華中師範大學出版社，2002年），頁 195-202。

[44] 詳見程薔：《中國民間傳說》，頁 42-46。

在半屏山下住一和尚，因得天助，在山的仙洞頂端，每天都
會流出白米，足供他一日食用；若有客人來，也會恰如其分
的增加。但是後來和尚起了貪念，挖掘洞頂，希望能流出更
多的米，結果反而不再有米流出，半屏山也被挖掉一半，而
且洞窟處處。[45]

　　此一「出米洞型」傳說的起源亦甚早，南朝宋劉敬叔《異苑》
卷二〈漏秕米〉即有此類型傳說的雛型，至明代王臨亨《粵劍篇》
卷一記錄廣東端州的「出米洞」故事，已具備此類傳說的各項情節；
清代此類傳說更為普遍，如沈曰霖《粵西瑣記》記載四川樂山的「出
米巖」、楊芳燦等撰《四川通志》卷十三的〈敘州府〉記載富順縣
的「出米穴」、陳鼎的《黔遊記》中記載貴州會城的「流米洞」等[46]。
在臺灣此類型傳說也頗為常見，如大崗山的「出米岩」[47]、關渡的
媽祖廟[48]、基隆的「白米壺」[49]等，這些傳說的發生場景都在洞穴；
而半屏山因為是石灰岩的構造，極易受到雨水的侵蝕，故產生許多
坑洞[50]，如前述《鳳山縣采訪冊》即記載有「山腰有竅」的傳聞，
也因此使該山黏附上「出米洞型」的故事。

　　不論是〈仙人賣石餅〉或〈和尚挖米〉的傳說，都帶有勸誡
世人應該知足、不貪便宜的意義。前者以賣餅的方式來試探人心，
眾人爭先恐後付兩文錢，搬走一堆餅，貪小便宜的心態表露無疑；
唯有少年只買一文錢，展現出異於常人的特殊品行，而為仙人收

---

[45]　鄭水萍：《後勁大代誌》，頁 18-19。
[46]　譚達先：《中國傳說概述》（台北：貫雅文化，1993 年），頁 37-38。
[47]　婁子匡：〈鄭成功取三寶〉，收入《北京大學民俗叢書》第十五輯（台北：
　　　東方文化書局，1969 年），頁 58。
[48]　同上註，第十一輯，頁 5。
[49]　吳瀛濤：《臺灣民俗》（台北：眾文書局，1987 年），頁 368-369。
[50]　施議哲：〈半屏山上〉，《高雄文獻》14、15 期（1983 年 6 月），頁 89-90。

為徒弟，從「人」界進入「仙」界，正面彰顯知足、不貪心的可
貴價值。後者則以會流出米的洞穴來考驗人心，本來米的「出量」
與「取量」是維持自然的平衡，但不知足的和尚卻用人為的力量
來破壞這種平衡，導致白米不再流出，則是從負面呈現貪心者所
遭受的懲罰。

　　施翠峰曾指出「如果以主題為重點將臺灣民譚加予分類的話，
最顯著的特色就是教訓性或道德性故事，較其他任何國家的民譚都
來得多。」[51]半屏山本為無生命的自然風物，但卻能黏附上「神仙
考驗」及「出米洞」類型的故事，藉以勸誡世人應該知足、不可貪
心，顯示教化功能仍是民間故事與傳說最受人重視的價值。

四、地景型傳說

　　在半屏山的由來傳說中，有部分不僅在描寫半屏山，也擴及到
其周邊山巒、地形等景觀的形成，稱之為「地景型」傳說。此一類
型流傳最廣者，為「與他山比高」的傳說，描寫半屏山因為與其他
山巒比高，而受到上天的懲罰，導致只剩半邊的山形；如已故的高
雄文史專家林曙光所記曰：

> 本來蛇山比打狗山還高，儼然為南部諸山之冠，但不知自
> 足，想要成為臺灣的最高峰，天帝怒其夜郎自大，命土地公
> 將其山巔以拐杖打落，竟飛到蓮池潭北邊成為半屏山，所以
> 又稱半崩山。[52]

---

[51] 施翠峰：〈臺灣民間故事的發展及其內容〉，《漢學研究》8 卷 1 期（1990
　　年 6 月），頁 678。

[52] 林曙光：《打狗滄桑》（高雄：春暉出版社，1985 年），頁 22。

　　前已述及半屏山與龜山、打鼓（狗）山、蛇山並峙於清代鳳山縣治興隆里的周圍，並有蓮池潭直通山下；本則傳說當是在地居民，根據此一地理關係，再加上想像所編造而成。事實上，龜、蛇同為玄天上帝的部將，在臺灣民間常被相提並論，加上興隆里的左右兩山又以龜、蛇為名，因此蓮池潭南端有龜山，北端的半屏山自然會與蛇山聯想在一起，而衍生出此一傳說。

　　在半屏山「與他山比高」的傳說中，最常出現的比高對象為臺灣第一高峰——玉山。故事內容大概如下：

> 古時候的半屏山本為一座完整的山，且與中央山脈的玉山相對並峙。有一天，半屏山要向玉山挑戰比高，並狂妄地說：「如果我在頭頂上放三塊豆腐乾，就會把天都頂破了。」天神聽到這些話後十分生氣，乃派雷公懲罰半屏山，只見祂輕敲槌子，山頭就轟隆地崩塌一半，變成現在這般模樣。[53]

　　施翠峰指出此則傳說的原始故事，為半屏山與麒麟山（打狗山）比高，雷公為懲罰半屏山的不自量力，乃將它打成一半；到了日治時期才演變成與玉山比高，並加入「三塊豆腐乾」的情節[54]。此一說法頗有道理，因為山川名勝傳說大多是當地居民就其所見景物，賦予各種想像而逐漸形成；因此，半屏山的比高對象最初當以地方居民所能見到的山巒為主，而打狗山又為鄰近最高者，自然成為最佳的比高對象。隨著此一傳說的向外流傳，外地的講述者看不到打狗山，乃憑著自己的想像改編故事，而以眾人皆知的玉山作為比高

---

[53] 婁子匡：〈半屏山〉，頁 54-55；吳瀛濤：《臺灣民俗》，頁 367；江肖梅：〈半屏山〉，《臺灣民間故事（一）》（新竹：新竹市政府，2000 年），頁 65-66。
[54] 施翠峰：《臺灣鄉土的神話與傳說》，頁 95。

的對象，一方面易於記憶與傳講，另方面也可凸顯半屏山的自不量
力與狂妄自大。

　　上述兩則傳說都有上天懲罰的情節，也隱含臺灣民間對「天」
的敬畏。在傳統社會中，「天」是統轄宇宙的大神，也是包括人在
內的萬物本源，如俗諺所云：「人是天生地養」。宇宙的一切都受到
「天」的監督與主宰，一方面非人力所能洞悉與掌握，另方面也代
表世間正義公理的存有，如俗諺所云：「天有目睭在看」、「千算萬
算，不值天一劃」、「天網恢恢，報應甚速」等[55]。因此，狂妄自大
的蛇山與半屏山，違反世間的公理，自然都受到上天的懲罰；尤其
是半屏山誇耀可將天頂破，更是挑戰到「天」的無上權威，被劈掉
一半也是罪有應得。

　　另外，在臺灣民間有則〈古時候的天空〉傳說，謂古時候天空
本來很低，但有個早起撿豬糞的老伯伯，因為出門一片朦朧，乃生
氣揮舞撿糞的挾子，而把天趕到很高的地方去了[56]。此則傳說在凸
顯上天的神聖性，豈能被撿糞的挾子所污染，故以遠離人間來避免
侵犯；同樣的，半屏山妄想以卑賤的「三塊豆腐乾」來頂破天，也
是褻瀆上天的神聖，自然遭受到嚴厲的懲罰。兩則傳說實有異曲同
工之妙。

　　除了半屏山與他山比高的情節外，有些傳說還會加入其他山巒
作為配角，連帶描述周邊地景的樣貌。在左營地區即流傳有此類傳
說，內容如下：

　　　古時候，大岡山（位於岡山鎮與阿蓮鄉交界，海拔三百公尺）
　　　與半屏山經常離開海底，在空中飛翔著。有一天，這兩座山

---

[55]　鄭志明：《中國社會與宗教》（台北：臺灣學生書局，1986 年），頁 315-318。
[56]　吳瀛濤：《臺灣民俗》，頁 372。

突然想要比一比高低，一齊降到地面上來，但由於半屏山降落時不小心，用力過猛，竟與地面衝個正面，山的一半終於崩潰了。半屏山自慚形穢，想要回到海裏，可是它的舅舅打狗山卻峙立在海邊阻止它的歸去，只好忍受內心的痛苦，站在蓮池潭附近，一直到現在。[57]

此一傳說保留有半屏山與他山比高的情節，比高對象是同為「邑治之山」的大岡山；另增加崩塌的半屏山被打狗山阻止回到海裏的情節，正好可凸顯打狗山位於海邊的地理位置。這則傳說會流傳於左營地區，主要是因為當地居民看得見半屏山、大岡山與打狗山，自然會以這三座山為角色來編造故事[58]。

除了三座山的傳說外，在台南縣仁德鄉尚采錄到一則〈半屏山與大崗（岡）山〉傳說，故事角色竟多達五座山，內容略以：

大岡山與半屏山分別為女佛祖及男山神所變。半屏山想娶大岡山，大岡山為擺脫其糾纏，約定兩人比鬥法。大岡山自信地伸出一條腿，再叫齊天大聖挖三畚箕的土墊著，成為小岡山的三個山坡，就比半屏山還高。輸了的半屏山只能依約跳海，於是就一直往海裏崩落。當崩落剩一半時，來了一隻龜與一條蛇，牠們勸說半屏山，並變成「龜山」與「蛇山」頂住它，而成為今日的模樣。[59]

此一傳說出現了半屏山、大岡山、小岡山、龜山、蛇山等五座山，除了解釋半屏山及小岡山的山形由來外，也描述半屏山與龜山、蛇山的地理關係及大、小岡山間的綿延山勢。類似的傳說也出

---

[57] 施翠峰：《臺灣鄉土的神話與傳說》，頁 95-96。
[58] 同上註，頁 96。
[59] 胡萬川總編輯：《台南縣閩南語故事集（一）》，頁 24-31。

現在台北的觀音山與大屯山，內容同樣是說兩山在比高，觀音山輸了，想去跳淡水海自殺，但被大屯山伸手抱住腰身，而形成兩山連綿的形勢[60]。這類傳說都保有兩山比高的情節，只是增加比輸者跳海自殺的設計，藉以解釋海邊山脈形成的原因。

　　值得一提的是，「與他山比高」的母題（motif）也出現在臺灣原住民排灣族的傳說中，內容略以：

> 大武山與霧頭山是兄弟，弟弟大武山較哥哥霧頭山為低。有一天，大武山對霧頭山說：「哥哥，可不可以將身子屈低一點？」霧頭山點頭縮低，大武山則趁機伸長身子，從此大武山就比霧頭山高了。[61]

　　此一傳說主要在解釋大武山比霧頭山高的原因，情節較為簡單，但仍保有兩山比高的母題。浦忠成曾分析大陸地區與臺灣土著同時流傳的民間文學，歸納會出現這種現象有民族文化同源、文化的接觸、環境與思維的相似等可能原因，其中文化接觸部份，多為臺灣土著取用漢民族者的多，這與文化內涵的豐饒與否，民族力量的強弱有關[62]。因此，如從此類傳說僅見於排灣族，加上該族分布於臺灣南部，包括高雄縣市、屏東縣、台東縣境內的地緣關係來看，則有可能是該族與南臺灣的漢人接觸後，吸納了半屏山與他山比高的傳說，再根據自身的地理環境，逐漸發展出此則傳說。

---

[60] 江肖梅：〈半屏山〉，《臺灣民間故事（六）》，頁 17-19。

[61] 達西烏拉彎・畢馬：《排灣族神話與傳說》（台中：晨星出版公司，2003 年），頁 58-59。

[62] 浦忠成：〈中國大陸地區與臺灣土著在民間文學上的關聯〉，收入金榮華編：《民間文學與中國文化國際研討會論文集》（台北：國立編譯館，1997 年），頁 114-116。

　　除了「與他山比高」的傳說外，尚有兩則半屏山的「地景型」傳說，一為「鯉魚山渴死」傳說，內容略以：後勁相傳半屏山為鯉魚穴，其魚頭在東北方，魚尾在西南方，銜接蓮池潭。魚頭喝不到蓮池潭的水，後來渴死，只剩下半邊魚（山）[63]。這則傳說主要流傳於後勁，前已述及《臺灣府誌》有曰：「堪輿家傳有墳屋向此山者，主凶敗。」故後勁老厝少有向南邊半屏山者；而此一風水觀念也造成當地人對半屏山的不祥觀感，加上從楠梓坑方向看此山，果真如一尾只剩半邊的魚，於是連結附近的蓮池潭，衍生出「鯉魚山渴死」的傳說。

　　另一則「地景型」傳說為「三仙人相爭」，內容略以：老少兩仙人爭戀一仙女，上天大怒，將三仙貶入凡間，形成旗后山、半屏山與鳳山，仰臥人間，思念已過[64]。此則傳說在解釋高雄市三座重要山巒的由來，情節甚為簡單，屬於民間故事的「化為石頭」類型。此一類型故事常出現在高山峻嶺的傳說，如臺灣的「情人洞」、福建的「仙牛石」、「鷹嘴石」及浙江的「九頭山」等；最為人所知的是鄭成功傳說中的鶯歌石、鳶石、蟾蜍山、龜山島、拇指山等故事，都是各種動物精怪被鄭成功征服後，失去「靈」的能力，而化成永遠固定一地的山石，不再作怪，以作為永恆性的告誡[65]。同樣的，在「三仙人相爭」的傳說中，三個仙人沉溺於男女情愛，違反仙界規定，被上天貶入人界，失去「靈」的能力，而化為永遠佇立一地的三座山，也是一種最嚴厲的懲罰。

　　綜上所述，半屏山的「地景型」傳說，主要在描寫或解釋半屏山及其周邊山巒、地形等景觀的形成，可包括附近的蛇山、龜山、

---

[63]　鄭水萍：《後勁大代誌》，頁 19。
[64]　同上註。
[65]　蔡蕙如：《與鄭成功有關的傳說之研究》，頁 90-92。

打狗山、蓮池潭等,也可擴及到大岡山、小岡山及玉山,根據傳說講述人所在的不同視角,而產生不同的故事角色及內容,具有較鮮明的地方色彩。

五、兩岸型傳說

在半屏山的由來傳說中,尚有一種流傳於大陸的特殊類型,其內容大概都指半屏山本為一座完整的山,但後來經過變故,一半在大陸,一半在臺灣,隔著臺灣海峽遙遙相望,故稱為「兩岸型」傳說。

在大陸的福建、浙江都有名為「屏山」、「半屏山」或「半邊山」的山巒,且傳說其另一半都在臺灣。如福建有四座屏山,每座都說是從臺灣飛過來的,傳說略以:臺灣的玉山與屏山比高,龍蝦想幫屏山取勝,玉皇大帝聞此不悅,派天神將屏山劈為兩半,一半留在臺灣,叫半屏山;另一半飛到福建,叫屏山。另有一則傳說謂屏山本來很高,有一晚雷電交加,一聲巨響,山搖地動。清晨,人們發現屏山少了一半,後來方知飛到臺灣,被叫作半屏山[66]。前則傳說即是上述「與他山比高」類型,只是讓被劈掉的另一半飛到對岸福建;後則傳說則是半屏山從福建飛到對岸的臺灣,這應為福建當地的傳說,皆凸顯兩岸緊密的關係。

在福建的四座屏山中,以福州的屏山最有名,並流傳有〈水根與石花〉的傳說,內容大概如下:

> 很久以前,臺灣本為大陸東南面的一個半島,在交界處有一座南屏山。住在山坡上的水根與石花,兩人十分相愛,選在八月十五日成親。當晚喝完喜酒,從南海竄出邪惡的龜神,

---

66 詳見網址:http://fujian.yiyou.com/html/7/175.html

強迫石花到南海與牠成親。石花不從，龜神拿出巨斧劈向山
峰，南屏山變成兩半，大地湧出海水，臺灣也漂離了大陸。
隨著半屏山離開大陸的石花，發現再也看不見心愛的水根，
十分生氣，乃舉起石頭朝龜神砸去。沒有防備的龜神受到重
創，命令火龍與雷神攻擊石花。後來，龜神傷重而死，化作
半屏山旁的龜峰岩；石花也遭擊斃，化為半屏山下的望夫
石，時時遙望大陸。[67]

　　雖然這則傳說的前言指出此為臺灣的版本，故事中的半屏山就
位在左營；不過，根據筆者的搜集所見，臺灣地區並未有此半屏山
的傳說，故事中半屏山旁的龜峰岩或可解釋為龜山，但山下的望夫
石則是從未見聞。因此，這則傳說的來源甚為可疑，極有可能是大
陸地區人士刻意的編造，藉以呈現兩岸本為一體的事實及臺灣人民
時時遙望思念「祖國」的情感。

　　事實上，中國上海舞劇院曾根據〈水根與石花〉改編創作「半
屏山」舞劇，作為慶祝中華人民共和國成立三十週年的獻禮演出[68]。
當時的中共廣東省委習仲勛欣賞後，曾對全體演員說：「臺灣回歸祖
國是八〇年代三大任務之一，你們這個戲配合得很好，演得也很好。」
中國舞協廣東分會在與舞劇團座談時，也都認為該劇「體現了臺灣
兒女渴望與祖國人民團敘的骨肉深情和表現出祖國人民對臺灣同胞
深切懷念的主題思想。」[69]由此可見，這則傳說背後所隱藏「文化
統戰」的目的已是昭然若揭。

---

[67] 詳見網址：http://2006.chinataiwan.org/web/webportal/W2001348/Uadmin/A20 47884.html
[68] 舞劇內容詳見網址：http://www.hebwht.gov.cn/datalib/2003/Dance/DL/DL-20 031110104059/
[69] 詳見網址：http://www.huadu.gov.cn:8080/was40/detail?record=4775&channel id=4374

　　另在今浙江省象山縣石浦鎮東端有座半邊山，也流傳有類似的
傳說，內容大概如下：

> 很久以前，寧海亭頭港有個貧苦農民張鐵耙，他性格暴躁，
> 力大無窮，在一戶財主家做雇工。有一天，他目睹財主毒打
> 雇工同伴，一氣之下，將財主打死，自己也被判了死罪。寧
> 海監獄官趙大良，事母至孝，為人正直，他同情張鐵耙的遭
> 遇，最後放走了他，兩人一起坐船逃到臺灣。兩人在臺灣投
> 軍，張鐵耙天生神力，守關有功，當了大將軍，趙大良也成
> 了他的軍師。幾年後的一個黃昏，兩人遠眺西北家鄉，趙大
> 良想起他的母親，淚流滿面，張鐵耙於是提起千斤大鐵耙，
> 往寧海方向一伸，將半座山拉到臺灣。從此以後，兩人只要
> 思鄉，就望望這座半邊山；而留在寧海的另半邊山，五道耙
> 痕仍清晰可見。[70]

這則傳說前段所描寫張鐵耙的出身遭遇，是屬於「長工和地主」
的故事類型。此一類型故事批判中國封建地主經濟，頗與共產黨
的政治理念相合，故從廿世紀的二、三〇年代開始，即有學人采
錄此類故事；一九五五年至一九六六年出版的《民間文學》雜誌，
更設置專欄，不斷刊出此類故事達五十餘篇；八、九〇年代編纂
出版的《中國民間故事集成》，在各省市都可看見此類故事，顯示
其所佔的重要地位[71]。再看這則傳說末尾的一首詩：「水連水來山
接山，錢塘銀絲連臺灣。要問兩地情如何？請看兩座半邊山。」[72]
似乎是在描寫一九五〇年兩岸隔絕後的情感；且據傳在象山民間

---

[70]　程薔：《中國地方風物傳說》，頁 184-186。
[71]　劉守華：〈「嘴會轉」與「鐵算盤」——「長工和地主」故事解析〉，《中國
　　　民間故事類型研究》，頁 667。
[72]　程薔：《中國地方風物傳說》，頁 186。

也有首類似此詩的〈風情歌〉，歌詞曰：「半邊山，半邊山，一半在象山，一半在臺灣。本屬一座山，八戒劈成山兩片，這裡稱為東半邊山，那面稱為西半邊山。兩峽兩岸水連水，山聯山，同文同種同江山。」[73]其訴求臺灣與中國血脈相連、不可分離的政治意圖，更是表露無疑。因此，這則傳說從頭至尾都充滿中共的政治色彩，不論是刻意編造或就原有傳說加以改寫，其背後所隱含的政治目的也甚為明顯。

而在浙江省洞頭縣及廈門市何厝村都有座半屏山，其中前者被稱為「神州第一屏」，也流傳有一則傳說，內容大概如下：

> 半屏山原為一完整的島，島上有個很深的洞，內有一條毒蛇，時常傷害居民。島上有個叫金娘的女孩，她嫁給許東策，住在一個山洞，東策尚有兩個小弟叫南策、北策。有一天，東策兄弟在耕地，毒蛇竄出攻擊，三兄弟不敵，跳下海化成三個山嶼。金娘趕來相助，不敵毒蛇，也變成一座小山。玉帝派雷神下凡收降，毒蛇不敵，躲進洞裡。龍王用龍尾掀開洞穴，連小島也被掃飛一半，毒蛇因此露出，被雷神擊斃。小島剩下一半，被叫做半屏山，另一半有人說在石浦，有人說在臺灣。金娘化成的山叫娘娘山，住過的洞叫娘娘洞，東策兄弟化成的山嶼，即叫東策、南策及北策。[74]

---

[73] 其中「八戒劈成山兩片」是指半邊山的另一則傳說，內容是東方四聖考驗唐僧師徒的過程，後來八戒逃不過美色的考驗，又被鎖門山絆了一跤，氣惱之餘，乃拿九齒釘耙將山劈成兩半，一半摔至臺灣基隆。詳見網址：http://www.xswh.cn/Article/ArticleShow.asp?ArticleID=661

[74] 講述、記錄者為曾煥全，1980 年 4 月采錄於半屏鄉，流傳於半屏鄉、洞頭鄉一帶。詳見網址：http://209.85.175.104/search?q=cache:4MAZ_9QrrEwJ:www.dongtou.gov.cn/main/dtfm/ftrq/mfms/mjgs/t20040810_5827.jsp+%E5%9C%B0%E6%96%B9%E5%82%B3%E8%AA%AA%E5%8D%8A%E5%B1%8

這則傳說主要在解釋洞頭的半屏山及其周邊山嶼的由來，屬於「地景型」傳說；但因故事中仍有半屏山的另一半飛到臺灣的情節，故也列在「兩岸型」的傳說。從傳說的內容來看，看不出有訴求兩岸不可分離的政治意圖，推測原始傳說是說半屏山的另一半飛到石浦，這正可與當地的半邊山相呼應；但後來隨著兩岸的隔離，也逐漸跟臺灣牽扯上關係。

值得一提的是，除了半屏山的傳說外，也出現了〈半屏山〉的歌謠，歌詞如下：

> 半屏山（哪）半屏山，一座山（哪）分為兩半，自古傳說一半在大陸，還有半屏在臺灣。半屏山（哪）半屏山，一半在大陸，一半在臺灣，祖國大地水相連，山連山，骨肉同胞心相連。海峽兩岸緊相連，萬水千山隔不斷，美麗的寶島我們的家園，可愛的祖國大好河山。[75]

這首歌謠中的半屏山，有人說是在浙江的洞頭[76]，也有人說是在廈門的何厝[77]，但不管是哪一座半屏山，它的另一半都是在臺灣，都是在強調兩岸緊緊相連，臺灣本即是「祖國」大陸的一部分。從這些傳說與歌謠來看，顯示自從兩岸隔絕之後，大陸的半屏山已逐漸失去原始素樸的面貌，而為中共的政治色彩與統戰目的所蒙蔽。

F%E5%B1%B1&hl=zh-TW&gl=tw&strip=1

[75] 詳見網址：http://www.sygz.dqt.com.cn/yangxudong/gqxs-2004-4-8-banpingshan.htm

[76] 廈門日報記者田家鵬：〈地緣相近———「五緣」、「六求」系列報導之一〉，2005 年 10 月 1 日。網址：http://www.big5.xm.gov.cn:82/zt/wylq/200709/t20070929_186282.htm

[77] 富權：〈「媽祖」、「半屏山」舞劇應赴台演出〉，《新華澳報》，2007 年 11 月 7 日。網址：http://www.waou.com.mo/main.htm

　　事實上，在二次大戰過後不久，西方學術界即注意到不論是剛剛消失的納粹政權，或是蘇聯共產黨及其影響下的中國、越南等國家，都是在國家機器的引導下，大量偽造民間文學的地方。這些地方的執政當局利用民間文學來自民間，代表人民的性質，編造有利於統治當局的各種民間傳說、故事、歌謠等等，來為他們的意識形態做宣傳，遂行其統治的目的。對於這些偽民間文學（Fakelore），已有個別的中國學者提出自我批判，如「山民」於一九八九年撰文指出，中國大陸的民間文學工作乃「無視民間文學基本規律，大規模地假造民間文學作品，嚴重地損害我國民間文學事業的發展及其聲譽。」一九九三年華積慶也為文指出，相對於「外國民間文學活動」是「獨立進行學術的活動」，「我國的民間文學工作」則是「受著國家政治生活的制約」[78]。由此可見，中國大陸在過去幾十年大量偽造民間文學的嚴重現象，這也可在上述半屏山的「兩岸型」傳說分析中得到印證[79]。

六、結語

　　唐代劉禹錫的〈陋室銘〉有曰：「山不在高，有仙則名；水不在深，有龍則靈。」山水之有「名」、有「靈」，往往不在山水的本身，而在其背後「仙」與「龍」的傳說，它讓平凡無奇的自然景物，

---

[78] 詳見胡萬川：〈真假之辨——有關民間文學流傳與研究的一個論辯〉，《民間文學的理論與實際》，新竹：國立清華大學，2004 年，頁 126-129。

[79] 就學術而言，真正的民間文學（Folklore）須符合「田野調查」、「民間口傳」兩個標準，因此臺灣早期許多經過改寫的民間文學作品，也都應歸為偽民間文學（Fakelore）。不過，這並不代表 Fakelore 就無價值，即使是中共為政治目的所偽造的民間文學作品，它仍是具有政治宣傳、政治文化史的研究價值（同上註，頁 140）；這也是本文將大陸地區的「兩岸型」傳說納入討論的原因。

增添更多的仙氣與靈性，讓人們在遊覽賞玩之餘，也隨著故事情節的想像，進入一個神奇的藝術境界，感受其更深層的美感與魅力。

　　半屏山只是高雄近郊的一座小山，沒有高竣的山峰峭壁，也沒有奇特的林相景觀；但由於鄰近清代的鳳山縣邑，加上彷彿少掉一半的山形，自古即為文人雅士吟詠的對象，也留傳有許多傳說，大至整座山的由來，小至山中的草木走獸，都有引人入勝的故事。這些豐富而精采的傳說故事，實為半屏山最珍貴的文化遺產與觀光資源，但始終未獲得太多的關注與應用，殊為可惜。反觀大陸的浙江、福建也有相似的山形，卻能充分利用傳說來營造景點，反過來吸引臺灣的觀光資源，雖然這些傳說不見得符合民間文學的學術規範，但在觀光策略的運用上卻有值得學習之處。

　　從本文就半屏山由來傳說的分析來看，它也表現出山川名勝傳說的幾個特徵。首先，中國的山川名勝傳說往往與宗教有密切關係，佛教與道教都倡導超脫塵世、遠離世俗，故人跡罕至、風景優美的大山就成了修仙學道者所追求的世外桃源、人間仙境，也因此衍生出許多與宗教有關的傳說[80]。半屏山雖非名山聖地，也無道觀古剎，但在其由來傳說中，不論是賣石餅、爭風吃醋的仙人，或是比高下的女佛祖與男山神，都來自於民間的宗教與信仰，真箇是「山不在高，有仙則名」。

　　其次，山川名勝傳說大多具有解釋性質，但這種解釋是附會的、藝術的、想像的產物，因此會出現一個景點不止一種解釋性傳說，或是同一類型故事出現在不同景點的現象[81]。從本文的分析來看，光是解釋半屏山的由來，至少就有三大類型、十餘種的傳說；

---

[80]　程薔：《中國民間傳說》，頁 111-112。
[81]　程薔：《中國地方風物傳說》，頁 2。

而部分傳說則是「神仙考驗」及「出米洞」類型故事的附會，確實表現出解釋性傳說的多元性與不穩定性。

最後，山川名勝傳說表面上是在解釋其形成與特徵，實際上卻隱含先民的信仰、道德、思想與情感。在半屏山的由來傳說中，表面上雖都在解釋其為何只剩一半的原因，實際上卻有更深層的意涵，如〈仙人賣石餅〉、〈和尚挖米〉傳說，都是在教化世人知足、不貪心的道理；「與他山比高」傳說則具有「滿招損，謙受益」的意義及敬畏上天的信仰；即使是「兩岸型」的傳說，它也在傳達一種兩岸血脈相連、不可分離的情感，只是這種情感已為政治目的所扭曲。

總之，半屏山傳說不僅是地方珍貴的觀光資源，也是臺灣少見具有多種類型的山川名勝傳說，不論在觀光或學術上都具有重要的價值。本文僅就文本（Text）中的由來傳說進行初步的探討，希望能藉以喚起各界的關注，並作為未來深入研究的起點。

國家圖書館出版品預行編目

高雄民間信仰與傳說故事論集 / 謝貴文著.--
一版. -- 臺北市：秀威資訊科技, 2009.11
面 ；　公分. -- (哲學宗教類；AA0011)
BOD 版
參考書目：面
ISBN 978-986-221-318-6(平裝)

1. 民間信仰　2. 傳說　3. 民間故事　4. 高
雄市

272.72　　　　　　　　　　　98019114

哲學宗教類　AA0011

高雄民間信仰與傳說故事論集

作　　者 / 謝貴文
發 行 人 / 宋政坤
執行編輯 / 林世玲
圖文排版 / 蘇書蓉
封面設計 / 蕭玉蘋
數位轉譯 / 徐真玉　沈裕閔
圖書銷售 / 林怡君
法律顧問 / 毛國樑　律師
出版印製 / 秀威資訊科技股份有限公司
　　　　　　台北市內湖區瑞光路 583 巷 25 號 1 樓
　　　　　　電話：02-2657-9211　　　傳真：02-2657-9106
　　　　　　E-mail：service@showwe.com.tw
經 銷 商 / 紅螞蟻圖書有限公司
　　　　　　台北市內湖區舊宗路二段 121 巷 28、32 號 4 樓
　　　　　　電話：02-2795-3656　　　傳真：02-2795-4100
　　　　　　http://www.e-redant.com

2009 年 11 月 BOD 一版
定價：260 元

讀　者　回　函　卡

感謝您購買本書，為提升服務品質，煩請填寫以下問卷，收到您的寶貴意見後，我們會仔細收藏記錄並回贈紀念品，謝謝！

1. 您購買的書名：＿＿＿＿＿＿＿＿＿＿＿＿＿＿＿＿＿＿＿＿＿

2. 您從何得知本書的消息？

　　□網路書店　　□部落格　　□資料庫搜尋　　□書訊　　□電子報　　□書店

　　□平面媒體　　□ 朋友推薦　　□網站推薦　□其他＿＿＿＿＿＿

3. 您對本書的評價：(請填代號　1.非常滿意 2.滿意 3.尚可 4.再改進)

　　封面設計＿＿　 版面編排＿＿＿　　內容＿＿＿　　文/譯筆＿＿＿　　價格＿＿＿

4. 讀完書後您覺得：

　　□很有收穫　　□有收穫　　□收穫不多　　□沒收穫

5. 您會推薦本書給朋友嗎？

　　□會　　□不會，為什麼？＿＿＿＿＿＿＿＿＿＿＿＿＿＿＿＿＿＿＿

6. 其他寶貴的意見：＿＿＿＿＿＿＿＿＿＿＿＿＿＿＿＿＿＿＿＿＿

＿＿＿＿＿＿＿＿＿＿＿＿＿＿＿＿＿＿＿＿＿＿＿＿＿＿＿＿＿＿＿

＿＿＿＿＿＿＿＿＿＿＿＿＿＿＿＿＿＿＿＿＿＿＿＿＿＿＿＿＿＿＿

＿＿＿＿＿＿＿＿＿＿＿＿＿＿＿＿＿＿＿＿＿＿＿＿＿＿＿＿＿＿＿

讀者基本資料

姓名：＿＿＿＿＿＿＿＿＿＿　　年齡：＿＿＿＿　　性別：□女 □男

聯絡電話：＿＿＿＿＿＿＿＿　 E-mail：＿＿＿＿＿ ＿＿＿＿＿

地址：＿＿＿＿＿＿＿＿＿＿＿＿＿＿＿＿＿＿＿＿＿＿＿＿＿＿

學歷：□高中(含)以下　　　□高中　　□專科學校　　□大學

　　　□研究所(含)以上 □其他＿＿＿＿＿＿＿＿

職業：□製造業 □金融業 □資訊業 □軍警 □傳播業 □自由業

　　　□服務業 □公務員 □教職　 □學生 □其他＿＿＿＿＿＿

秀威與 BOD

BOD（Books On Demand）是數位出版的大趨勢，秀威資訊率先運用 POD 數位印刷設備來生產書籍，並提供作者全程數位出版服務，致使書籍產銷零庫存，知識傳承不絕版，目前已開闢以下書系：

一、BOD 學術著作—專業論述的閱讀延伸
二、BOD 個人著作—分享生命的心路歷程
三、BOD 旅遊著作—個人深度旅遊文學創作
四、BOD 大陸學者—大陸專業學者學術出版
五、POD 獨家經銷—數位產製的代發行書籍

BOD 秀威網路書店：www.showwe.com.tw
政府出版品網路書店：www.govbooks.com.tw

　　永不絕版的故事・自己寫・永不休止的音符・自己唱